布希亞

Jean Baudrillard

季桂保 / 著

編輯委員：李英明　孟　樊　陳學明
龍協濤　楊大春　曹順慶

出版緣起

　　二十世紀尤其是戰後，是西方思想界豐富多變的時期，標誌人類文明的進化發展，其對於我們應該具有相當程度的啓蒙作用；抓住當代西方思想的演變脈絡以及核心內容，應該是昂揚我們當代意識的重要工作。孟樊教授和浙江大學楊大春教授基於這樣的一種體認，決定企劃一套「當代大師系列」。

　　從一九八〇年代以來，台灣知識界相當努力地引介「近代」和「現代」的思想家，對於知識分子和一般民眾起了相當程度的啓蒙作用。

　　這套「當代大師系列」的企劃以及落實
出版，承繼了先前知識界的努力基礎，希望
能藉這一系列的入門性介紹書，再掀起知識
啓蒙的熱潮。

　　孟樊與楊大春兩位教授在一股知識熱忱
的驅動下，花了不少時間，謹愼地挑選當代
思想家，排列了出版的先後順序，並且很快
獲得生智文化事業公司葉忠賢先生的支持，
因而能夠順利出版此系列叢書。

　　本系列叢書的作者網羅有兩岸學者專家
以及海內外華人，爲華人學界的合作樹立了
典範。

　　此一系列書的企劃編輯原則如下

1.每書字數大約在七、八萬字左右，對
　每位思想家的思想進行有系統、分章
　節的評介。字數的限定主要是因爲這
　套書是介紹性質的書，而且爲了讓讀
　者能方便攜帶閱讀，提升我們社會的
　閱讀氣氛水準。

2. 這套書名為「當代大師系列」,其中所謂「大師」是指開創一代學派或具有承先啓後歷史意涵的思想家,以及思想理論與創作具有相當獨特性且自成一格者。對這些思想家的理論思想介紹,除了要符合其內在邏輯機制之外,更要透過我們的文字語言,化解語言和思考模式的隔閡,為我們的意識結構注入新的因素。

3. 這套書之所以限定在「當代」重要的思想家,主要是從一九八○年代以來,台灣知識界已對近現代的思想家,如韋伯、尼采和馬克思等都先後有專書討論。而在限定「當代」範疇的同時,我們基本上是先挑台灣未做過的或做得不是很完整的思想家,作為我們優先撰稿出版的對象。

另外,本系列叢書的企劃編輯群,除了包括上述的孟樊教授、楊大春教授外,尚包

括筆者本人、陳學明教授和龍協濤教授以及
曹順慶教授等六位先生。其中孟樊教授為台
灣大學法學博士，向來對文化學術有相當熱
忱的關懷，並且具有非常豐富的文化出版經
驗以及學術功力，著有《台灣文學輕批評》
（揚智文化公司出版）、《當代台灣新詩理論》
（揚智文化公司出版）、《大法官會議研究》
等著作，現任教於佛光大學文學所；楊大春
教授是浙江杭州大學哲學博士，目前任教於
浙江大學哲學系，專長西方當代哲學，著有
《解構理論》（揚智文化公司出版）、《德希達》
（生智文化公司出版）、《後結構主義》（揚智
文化公司出版）等書；筆者本人目前任教於
政治大學東亞所，著有《馬克思社會衝突
論》、《晚期馬克思主義》（揚智文化公司出
版）、《中國大陸學》（揚智文化公司出版）、
《中共研究方法論》（揚智文化公司出版）等
書；陳學明是復旦大學哲學系教授、中國國
外馬克思主義研究會副會長，著有《現代資
本主義的命運》、《哈伯瑪斯「晚期資本主義

論」述評》、《性革命》（揚智文化公司出版）、《新左派》（揚智文化公司出版）等書；龍協濤教授現任北京大學學報編審及主任，並任北大中文系教授，專長比較文學及接受美學理論，著有《讀者反應理論》（揚智文化公司出版）等書；曹順慶教授現爲四川大學文學與新聞學院院長，專長爲比較文學及中西文論，曾爲美國哈佛大學訪問學人、南華大學及佛光大學文學所客座教授，著有《中西比較詩學》等書。

　　這套書的問世最重要的還是因爲獲得生智文化事業公司總經理葉忠賢先生的支持，我們非常感謝他對思想啓蒙工作所作出的貢獻。還望社會各界惠予批評指正。

李英明
序於台北

序

　　本書是筆者在職攻讀復旦大學西方哲學博士學位期間所提交的論文初稿。應當說，最初之所以選定法國當代後現代主義思想家尙・布希亞（Jean Baudrillard, 1929－）作爲文章的論題，主要是出於自己的興趣，這種興趣首先來自布希亞的著述中所涉及的後現代、消費社會、廣告、傳媒、大衆文化、知識分子等廣泛的話題，以及與這些話題相關聯的「符碼」、「象徵交往」、「類像」、「仿眞」、「超現實」等等全新的術語和概念。

　　當今的巴黎既是一個地理空間，更是一種文化語境，引得越來越多的人們嚮往它的

時裝和香水；我則選擇了布希亞。事實上，
從理論的內在特性和外在表達方式來看，後
現代條件下的「消費理論」如今越來越表現
出「理論消費」的特徵；布希亞似乎也不例
外。同他的絕大多數法國理論同行一樣，布
希亞的後現代主義的消費理論更大程度上可
以看作是一種供人們「消費」的理論，其誇
張、極端和不合常規的理論表達方式，往往
能夠引起學界乃至學界之外更多的關注。

　　就大陸的學界而言，「後現代主義」多
年來似乎早已被談透談濫，集合在「後現代
主義」話題之下的學術圈子、研討會、論
文、論著、譯著更是堪稱汗牛充棟，從而表
明後現代主義理論的影響無遠弗屆，儘管如
此，在西方學界被稱譽爲「後現代主義大祭
司」的布希亞卻在大陸有關後現代主義的討
論如日中天的時候一直「不在場」，布希亞的
名字很少在連篇累牘的論文、論著中出現，
遑論布希亞的譯文、譯著了。這樣的狀況，
顯然是對布希亞的學術不公，同時也是選擇

這樣的論題價值之所在。

　　我的導師黃頌杰教授的嚴謹細緻多年來對我的治學影響甚深，劉放桐教授的開放視野也一直使我獲益匪淺。本文的寫作，得到王治河、張汝倫、林暉、陸灝、包亞明等先生的幫助。本書的出版，全仰陳學明、孟樊先生之功，在此一並致謝。

季桂保

目　錄

出版緣起 / i
序 / vi

導論 / 001

第一章
後現代境域中的布希亞 / 007
思想肖像 / 008
生平考古 / 016
「後現代」的家族相似性 / 024

第二章
消費社會批判 / 033
概述：當代社會的新話語 / 034

「消費社會」的符號學向度 / 040
符號政治經濟學批判 / 053
反本質主義的策略 / 064

第三章
後現代的理論圖景 / 089
「仿眞」的發生 / 091
「象」的系譜 / 108
「傳媒恐懼論」 / 121

第四章
知識分子、大眾與權力 / 143

參考書目 / 161

導論

　　後現代主義思潮或後現代性話語無疑已
經成爲當今全球學術文化界的一個顯眼話
題，它拒斥「現代性」有關連續性、因果關
係、線性進化等等基本設定，張揚不連續
性、斷裂、偶然性等等主張。後現代性話語
最初肇始於建築藝術領域，而後「撒播」到
多種藝術門類，有繪畫領域的安迪·沃荷
（Andy Warhol）和音樂領域的約翰·凱奇
（John Cage）等人的藝術實踐爲其提供佐
證。而當社會批判領域和文化批判領域的理
論家們作出努力去捕捉這一思潮的眞諦並描
繪其「系譜」時，一種被稱作「後現代性」

的話語就不再只是幾個人湊合起來開一次國際性研討會就能形成的虛擬論題，而是實實在在地成爲了社會文化層面上的一種運動。於是，詹明信（Fredric Jameson）和李歐塔（Jean-Francois Lyotard）在後現代主義文化理論系譜中的正統地位便具有了歷史的合法性。

　　當代法國思想家布希亞從幕後走向前台，很大程度上同全球化後現代主義話題的形成聯繫在一起。本世紀60年代末和70年代，當布希亞從馬克思主義的立場出發、運用符號學對當代資本主義的「消費社會」進行分析、從而爲當代的社會批判理論作出一定的理論貢獻之時，布希亞在全球乃至在他的本土幾乎沒有什麼聽衆和讀者；然而到了80年代，當他轉變理論立場之後推出的幾部著作同當時正在醞釀的後現代主義話語產生共鳴時，布希亞立即被奉爲後現代主義思潮的領軍人物。學術界對布希亞的「前倨後恭」，恰好生動地印證了思想文化理論同它的

社會歷史背景的不解之緣。

　　本書從布希亞前後期兩個階段的思想發展來進行述評，並且認定：布希亞不僅是一個社會批判理論家，更是一個後現代思想家。

　　本書第一章〈後現代境域中的布希亞〉是結合後現代思想的社會歷史背景對布希亞其人所作的一次「畫像」。基於國內對布希亞其人及其思想介紹較少[1]，這種「生平考古」和「思想畫像」是必要的，它至少可以成為布希亞思想發展的一個「索引」。

　　第二章〈『消費社會』批判〉述及布希亞的早期思想，這種思想即由《物體系》、《消費社會》、《符號政治經濟學批判》和《生產之鏡》等著作所展現的社會批判理論。由於受巴特、列斐伏爾和索緒爾的影響，早期的布希亞旨在運用符號學理論對馬克思主義作出「補充」，其強調「物」的符號價值和「象徵交往」價值。

　　第三章〈後現代的理論圖景〉介紹了布

希亞由「符碼」、「仿眞」、「擬像」和「超現實」等概念所構成的後現代話語。在布希亞看來，從「現代性」到「後現代性」的轉變，也就是從「確定性」到「不確定性」、從「生產方式」到「符碼」、從「生產」到「複製」、從「意識形態」到「擬像」、從「符號」到「仿眞」的變化，這些轉變實際上把布希亞推到了「符號決定論」和「技術決定論」的極端。

　　第四章〈知識分子、大衆與權力〉旨在從案例比較的角度分析這兩位重要的後現代思想家，並述及布希亞的「知識分子」觀。布希亞的〈忘掉傅柯〉一文是對傅柯當時取得的「話語霸權」所提出的一種挑戰。在布希亞看來，傅柯是知識分子與政治權力相結合的一個典型；這直接反映了布希亞的知識分子觀：知識分子的本眞狀態就是處在邊緣，進行話語層面上的實踐。而布希亞論題廣泛論述方式奇特的後現代話語本身，也只能在「話語實踐」的層面上得到理解。

註釋

1.趙一凡著《歐美新學賞析》（中央編譯出版
社，和盛寧著）《人文困惑與反思──西方後
現代主義思潮批判》（北京：三聯書店1997年）
兩書中有專章論及布希亞的思想。

第一章
後現代境域中的
布希亞

第一節　思想肖像

　　從變動不息的社會歷史事實中尋找某種
思想和理論的生成原由或「基因圖譜」，這種
做法儘管可能會被指責爲有還原主義的危
險，但它畢竟能夠爲我們提供思想與理論的
鮮活背景。二次大戰後，全球社會文化現實
的巨大變革極大地改變了人們固有的思維方
式和生活方式，各種新的理論話語便得以從
這些巨大變革中生成滋長，這些理論話語由
此可以被看作是新的社會歷史情境的鏡像和
精緻索引。在法國，各種社會實踐和文化運
動促成了人們的思想觀念和理論話語的不斷
嬗變更新，於是，從現象學到存在主義的馬
克思主義，從心理分析到結構主義和後結構
主義或後現代主義，諸種流派和思潮可謂花
樣迭出精彩紛呈。傅柯針對戰後法國思想界

的這種變動不居就曾經作出過如下的概括：

> 自1945年始……馬克思主義一度被沙特
> 看作是一種不可逾越的視野。這在當時
> 顯然是一種非常狹隘但卻非常有影響力
> 的觀點……從1945年到1955年，在法
> 國，年輕的法國大學生們……迷戀於……
> …現象學與馬克思主義之間的關聯。…
> …後來，一種結構主義的思想和結構主
> 義的方法開始出現……我們發現結構主
> 義取代了現象學並開始同馬克思主義相
> 聯繫……由此出現了語言問題，並且現
> 象學也顯然無法同結構主義相匹敵……
> 心理分析（其很大程度上受到了拉岡的
> 影響）也提出了自身的問題。[1]

二次大戰後的法國巴黎既是一個地理空
間，更是一種文化語境，這種文化語境在很
大程度上給予了法國知識分子以紀律、規
範、自由和選擇。於是，勇於創新的法國知
識分子們便不斷進行充滿激情的理論實驗，

把不同領域的理論話語加以比較綜合，從而
貢獻出了新理論、新話語，在戰後不斷重組
的全球理論版圖中占據了極其重要的份額。
1966年，法國的一家文學期刊就曾刊登出一
幅題爲〈結構主義者的午宴〉的著名漫畫，
在這幅至今一直被廣泛轉載的漫畫上，李維
史陀、巴特、傅柯和德希達裏著草裙，戴著
腳鐲，圍坐在熱帶林蔭下。它清楚不過地表
明，在1966年的巴黎，這四位思想家所代表
的全新精神力量正在深刻地改變當時法國的
理論格局和精神氛圍，並將把法國人帶上一
條完全新異的思維之路。而此後法國思想理
論界的新人迭出，只不過是爲上述這場所謂
的「思想者的午宴」增添了更多的食客而
已。

　　然而令人費解的是，這幅群星燦爛絢麗
多彩的理論圖景爲沙特、李維史陀、巴特、
列斐伏爾、巴塔耶、德希達、傅柯、拉岡、
李歐塔、德勒茲、克里斯多娃等一大批思想
家預留了神龕，卻對布希亞表示了極其的吝

嗇，在很長一段時期內未能給同樣作出了理論貢獻的布希亞提供其應有的一席之地。法國文人圈的萬花筒般的理論話語促使眾多的理論史家為勾勒這一時期的理論系譜作出了種種不懈的努力，像米勒（Joan Miller）1981年出版的《法國結構主義》，湯普遜（John Thompson）1984年出版的《意識形態理論研究》，麥奎里（J. Merquior）1986年出版的《從布拉格到巴黎》，迪微（Peter Dew）1987年出版的《拆解的邏輯》，迪康波（V. Descombes）1979年出版的《現代法國哲學》以及格里菲斯（A.P. Griffith）所編1988年出版的《當代法國哲學》等著作，都對法國現代尤其是二次大戰以後的哲學社會文化思潮作了比較詳盡的概述和評析，勾勒了法國學術思想界的潮起潮落，但遺憾的是，所有這些書都沒有提及布希亞其人及其思想，甚至在書目人名索引中幾乎都未能稍稍提及布希亞的名字。

　　然而，此種待遇並不註定就是布希亞個

人及其理論的命數。一種理論話語之所以會
在特定的歷史時期內沒沒無聞找不到知音，
很大程度上在於其不合時宜，而一旦其獲得
適切的時代機緣，便會被激發起應有的活
力；同歷史上的諸多思想家一樣，布希亞的
理論命運再一次向我們揭示了思想學術與時
代機緣之間的內在關聯。80年代中後期，當
一種新的理論話語在全球形成並日愈升溫之
時，當所謂的「後現代場景」在全球逐漸突
顯之時，布希亞彷彿一夜之間被激活了，被
重新發現了。許許多多團結在「後現代主義」
旗號之下的學術團體、理論刊物和研討會都
聞風出動，紛紛把布希亞當作一個時髦話題
和熱門人物，認爲布希亞的思想學說向哲
學、心理分析、符號學、馬克思主義政治經
濟學、社會學和人類學等等領域的傳統觀念
提出了根本性的挑戰，爲戰後法國學術思想
的變革與重塑起到了重要的作用。

　　加拿大的一份雜誌曾經推出了布希亞專
刊，把他稱作是「一個異數，一種症候、符

號、魅力，尤其是通向另一世界的一個通道」。在澳大利亞的學術界，有學者乾脆提出了所謂的「布希亞風景」這一概念和命題；德國則有研究者宣稱布希亞是「終結現代性」的理論家。拉什（S.Lash）和尤里（J.Urry）撰寫的《組織化資本主義的終結》（劍橋1987年版）和荷迪奇（D. Hebdige）的《隱藏在光明之中》（倫敦1988年版）兩部著作都不謀而合地把布希亞同晚期資本主義文化這一當令熱門話題相提並論。克羅克（Arthur Kroker）在加拿大的康科迪爾（Concordia）大學所領導的一個研究小組則幾乎成了布希亞其人及其思想的專題研究小組，這個小組先後推出了一系列的學術研究成果，如克羅克和庫克（D.Cook）所編《後現代場景：污穢文化和超美學》（倫敦1988年版），費克特（J.Fekete）所編《後現代主義之後的生活》（倫敦1988年版），A·克羅克和M·克羅克（M.Kroker）所編《身體侵犯者、性和後現代條件》（倫敦1988年版），

Ａ·克羅克、Ｍ·克羅克和庫克所編《沒有
理由的百科全書》（倫敦1989年版）等等著
作，都把研究布希亞和後現代主義理論作爲
自己矢志不渝的學術使命。該研究小組的研
究人員把布希亞稱譽爲新的後現代時期的
「護身符」，是從理論上推進「後現代場景」
的一種動力，是新的後現代性的一位「超理
論家」。而作爲西方學界把布希亞加以「後現
代主義化」的堅定鼓吹者，著名學者凱爾納
（Douglas Kellner）在著名的《理論、文化和
社會》雜誌上更是發表了一系列論述和開掘
布希亞後現代主義思想的理論文章，由此而
形成的《布希亞：從馬克思主義到後現代主
義及其超越》（史丹佛大學出版社1989年版）
一書不僅成爲西方學界研究布希亞後現代主
義思想的第一部專著，而且更把布希亞尊奉
爲當代最重要的後現代社會理論家。康諾
（Steven Connor）所著《後現代主義文化》
（牛津1989年版）一書則把布希亞看作是後
現代理論的一個重要的建築師。而著作等身

的布希亞每每推出一部新的專著，之後不久
就會在英語世界找到它的對應物。

　　布希亞在後現代理論場景之外的話語權
力和知識影響也在此一時期日漸強大。英國
《衛報》1988年9月21日曾以〈布希亞是誰？〉
為標題以整版篇幅對布希亞加以報導，把他
稱作為「社會學教授，大災變的預言家，大
恐慌的狂熱抒情詩人，沒有中心的後現代荒
原的凝迷描述者，紐約文人圈最熱門的人
物」。《歐洲人》周報創刊號（1990年5月11
日）曾經在特殊的位置摘引布希亞的格言以
作為歐洲知識分子的代言。美國《紐約時報》
則把布希亞稱作是「後馬克思主義左派陣營
中一個火藥味十足的孤獨漫遊者」。在布希亞
的故鄉法國，巴黎的《星期四事件》周刊
1989年曾經對法國知識文化界的大約700名
代表人物（包括記者、作家、大學教師和藝
術家等等）進行了一次投票表決，要求投票
者選出五位最具知識權力或影響力的人物，
結果，布希亞排名第八，同杜比（Georges

Duby）、德勒茲（Gilles Deleuze）等人平起
平坐，而且名列布爾迪厄（P.Bourdieu）之
前。此外，萊蒙特（Lamont）1987年所提出
的十位最重要的法國哲學家中包括了布希
亞、德勒茲、德希達、李歐塔和塞爾（Serre）
等重要思想家；萊希特（Lechte）1994年所
選的當代西方思想家中也包括布希亞、德勒
茲、德希達、伊利加萊（Irigaray）、克里斯
多娃、拉岡、李歐塔和塞爾等人。

　　上述所有這些不厭其煩的舉證，一方面
共同勾勒著和支持著布希亞的思想肖像，明
確地突顯出布希亞在當代西方思想學術界的
重要地位；同時在另一方面卻又進一步激發
起我們的疑問和好奇：布希亞究竟是誰？

第二節　生平考古

　　對布希亞的生世作年表學上的簡單追

溯，也許有助於我們深入地理解布希亞其
人。1929年，布希亞出生於法國東北部阿登
省蘭斯一個從農村向城市過渡的平民家庭。
對於自己這一不免「卑微」色彩的出生背
景，布希亞1991年11月在接受甘恩（Mike
Gane）和阿諾德（Monique Arnoud）的訪談
時曾經有過如下詳細的「夫子自道」：

> 我的祖父母都是農民。我的父母則是城
> 市公職人員。傳統的家庭是以離開鄉村
> 到城市定居的方式演變的。可以說，我
> 是家族成員中第一個從事研究工作的
> 人，這是一種決裂，是棄舊圖新的開
> 始。除此之外我再沒有什麼好說的了。
> 我不是在一種知識家庭的氛圍中長大的
> ──在我周圍毫無這種氛圍可言──我
> 的父母安分守己，夠不上小資產階級甚
> 或是地位甚低的小資產階級。我的家庭
> 沒有一種文化氣氛，因而我在公立中學
> 勤勉有加，以此作為補償。這是大量進

行原始積累的時期，是我一生中克勤克
儉不斷積攢的時期。此後我離開了我的
父母，這對我的一生非常重要，因為離
開父母所形成的一種絕決個性也在其它
方面產生了潛移默化的影響。我一直處
於一種名副其實的絕決狀態中：同大學
的決裂，甚至同政治領域的決裂——我
是可以涉足政治領域的，卻一直同它保
持著某種距離。因此，我的兒童時代和
青少年時代有某種原型可循。[2]

　　思想家的特有個性即使算不上形塑其思
想理論的一個主因，起碼也不至於被看作是
可以「加上括號」隨意「懸置」一邊的元
素。正是循著上述這一「原型」或曰「決裂
情結」，布希亞開始了他獨特的學術生涯（儘
管他矢口否認自己具有通常意義上的「學術
生涯」）。由於精通德文，布希亞於60年代初
期在一所公立中學教德語，授課之餘表現出
了極其濃厚的文學興趣：布氏於1962－1963

年在沙特主編的《新時代》雜誌上發表的早
期作品，就是關於卡爾維諾、約翰生等人的
文學評論，從中可以看出沙特的存在主義的
馬克思主義、杜斯托也夫斯基以及尼采等人
對其早期思想的重要影響；布希亞還曾把不
少德語作品翻譯成法文，其中包括布萊希
特、莫爾曼和彼得‧維斯等人的作品和一本
關於第三世界革命的理論著作。對德國思想
的親近使布希亞獲得或認同了一種詩性思
維，這種思維來自尼采、叔本華、賀德林等
等所謂的「神秘主義者」而非「浪漫主義者」
（布希亞語）。布氏還對攝影情有獨鍾，1963
年出版了由他所編的一本攝影集，（1992年
12月在香榭里舍的美術館還舉辦過他的個人
攝影展，）顯示了自己特有的美學趣味。

　　1966年3月，布希亞在南特大學（巴黎
第五大學）師從亨利‧列斐伏爾（Henri
Lefebvre）完成了他的社會學論文《社會學
的三種周期》，並從這一年的9月份起在南特
大學擔任助教，從而開始了他一生中「最好

的一段時光」[3]。在此時期，布希亞同非正統
的左派激進組織的兩本刊物《烏托邦》和
《通道》關係密切，並在《新時代》、《烏托
邦》、《交流》等學術雜誌上發表了多篇批判
當代資本主義社會及論述「物」與符號功能
的文章，這些文章如布氏自己所言，「確實
運用了馬克思主義的分析方法，但其很大程
度上還與其它方法結合在一起」。布氏接著自
述道：「我開始嘗試寫理論文章。一開始即
是符號學、心理分析及諸如此類的文章，並
且寫得還算不錯。此後，⋯⋯我們似乎處在
一個後馬克思主義的時代，因此很難說我是
否是一個名副其實的馬克思主義者。但馬克
思的分析方法顯然對我的文章和著作產生了
影響。從生產出發的分析方法一開始就從禮
品消費和開支出發的人類學分析方法結合在
一起，此後我則逐漸放棄了從生產出發的分
析方法。⋯⋯事實上我起初是屬於馬克思主
義陣營的，但差不多同時我就開始質疑、動
搖，並在前進的道路上越來越遠離它。誠

然，沙特對我產生了重大的影響。到了60年
代，另一種影響來自巴特。我知曉了巴特，
並同他一起工作，立刻感到這更有意思。我
並不是說他更爲重要，而是說他更具有吸引
力。巴特開闢了更加富有生命力的領地。從
此之後，一切都改變了。[4]

　　布希亞同巴特過從甚密時在1968年，也
就是在這一年，布希亞出版了他的理論處女
作《物體系》——這一書名清楚不過地表
明，該書是對巴特的《時尚體系》一書所作
的仿效和回應。從此之後，一切都改變了，
法國少了一位優秀的德語文學作品翻譯者，
卻多了一位獨具個性的哲學家和社會批判理
論家，布希亞在闡發其獨特的社會文化理論
的道路上也是越走越遠：《物體系》與隨後
的《消費社會》（1970年出版）和《符號政
治經濟學批判》（1972年出版）等著作，從
當代社會商品性質變化的現實出發，試圖將
馬克思主義的政治經濟學與結構主義符號學
加以揉合，並逐漸運用符號學理論對馬克思

主義的商品理論作出一定程度的「修正」和
「補充」。1973年出版的《生產之鏡》一書作
為布希亞學術思想從前期向後期轉變的一個
重要分水嶺，透過對符號結構的歷史理論進
行闡發，試圖為自身的社會批判理論提供一
種全新的理論基礎；正是透過宣稱馬克思主
義的政治經濟學仍然囿於《生產之鏡》的窠
臼之中，布希亞背離了正統馬克思主義並投
向後結構主義的懷抱。

　　1976年，布氏出版了他最有影響的代表
作《象徵交往與死亡》，全面闡述了象徵交往
與商品交換相對立的觀點，以一種極端的方
式揭示出：在符碼主宰的社會，人們不可能
返回前資本主義的象徵交往時代，因而只能
悲觀地「選擇死亡」，從而為其總體理論作出
了全新的表述。1979年出版的《論誘惑》一
書從哲學上對本質主義作了深刻批判。1981
年出版的《擬像與仿真》一書則進一步深化
了布氏建立在後現代主義理論基礎之上的商
品文化學說。1983年出版的《命定的策略》

一書顛覆了傳統意義上的「主體」與「客體」
的相互關係，試圖從客體的角度來重新考察
世界。此外，以《美國》（1988年出版）、
《酷的記憶》（1987年出版）、《酷的記憶》
（第二卷，1990年出版）爲題的幾部著作大
都是布希亞70年代以來開始遊居於美國和歐
洲時所寫的日記或遊記，其中充滿了隱喻、
印象記、悖論話語、詩性思維、理論實驗和
遊歷過程中的人與事，可以看作是對布氏社
會批判理論和後現代理論所作的重要補充。
近年來，布希亞一年中有半數以上的時間遊
居於國外，主要遊居地是柏林、阿根廷和巴
西，這種遊居在客觀上也對其理論構架和知
識權力的傳播起到了一定的推動作用。

第三節 「後現代」的家族相似性

　　著作等身為布希亞本人在全球思想學術界贏得了廣泛的聲譽和關注。如上所述，這種關注很大程度上是聚焦在「後現代主義」的論題之下的：上文所引布希亞自述中的所謂「決裂情結」或「原型」，也在某種程度上使人們自然而然地猜想和勾連布希亞與後現代主義之間的關聯，因為「名副其實的絕決狀態」彷彿正好暗合了後現代主義對決裂、摧毀、間斷性等的推崇，更何況這種「絕決個性也在其它方面產生了潛移默化的影響」！

　　然而，對布希亞進行佛洛伊德「精神分析」式的讀解，會否導致一種「意向性謬誤」

的「誤讀」呢？參照布希亞本人的說法，我
們似乎更感到問題的懸而未決。在1991年11
月與甘恩和阿諾德所作的同一次訪談中，針
對甘恩提出的「許多人把你看作是後現代主
義的大祭司，對此你怎麼看？」的問題，布希
亞明確回答道：

> 我認為與大祭司相提並論是不恰當的。
> 首先需要說明的是，當說到某某人是大
> 祭司時，必須想一想「後現代主義」和
> 「後現代」是否有意義。它起碼不適用於
> 我。這是一種表達方式，一種語詞方
> 式，但它說明不了什麼。這甚至不是一
> 個概念。這是因為，我們無法對目前所
> 發生的一切加以定義。就像李歐塔所
> 說，宏大的理論已經成為明日黃花。也
> 就是說，出現了一種虛空狀態或真空狀
> 態。由於無法真正地表述這種狀態，人
> 們便選用了一個空洞的術語來說明。因
> 此，後現代主義在一定意義上並不存

在。以此觀之，我顯然並不代表這種虛
空狀態。我很樂於在一種（我也說不出
是哪一種）虛空狀態中分析一系列事物
的消亡，分析同樣也是一種虛空狀態的
「仿真」（simulation），分析事物是從何
處開始分解的。但這種虛空十分強烈十
分密集，而不是那種從破敗文化的殘骸
中所出現的虛空，不是對文化殘骸的雙
重拼貼。我與此毫不相關，但它說明了
這種拼貼出現的原因，因為後現代主義
本身即是由蒙太奇、拼貼等等所構成的
……但此種拼貼在我看來完全是不正確
的。它與我毫無關涉，我也不是唯一一
個處在這種情境中的人。[5]

　　顯而易見，布希亞在此竭力否認他同後
現代主義有任何關聯：「我和後現代主義一
點關係也沒有。」[6]因為在他看來，人們之所
以把他看作是一個後現代主義者，完全是一
種貼標籤的方法，「即使我證明自己不是一

個後現代主義者，這也無濟於事，人們仍然
會把這種標籤貼在你的身上。一旦他們貼上
了這種標籤，它看起來就是恰如其分的」。[7]

有趣的是，學術版圖與精神家譜的確定
並不完全是按照理論家自己的「自說自話」
來加以實現的；布希亞上述的這種否定性的
自我表述畢竟仍然難以割捨他同後現代主義
理論之間的內在關聯，因為把後現代主義看
作是「歷史的一種回歸和倒退」的布希亞同
時也是一個極力倡導「超現實」、「超理論」
和「後歷史」的理論家，是一個極力倡導
「超政治」（transpolitics）、「超性別」
（transexuality）和「超美學」（transaesthetics）
的理論家[8]。布希亞在別處說過：「如果說虛
無主義者就是惰性思維至上，並且致力於分
析系統的不可逆轉性直到無可轉寰的地步，
那麼我就是一個虛無主義者。如果說虛無主
義者迷戀於現象的消失而不再是生產方式，
那麼我就是一個虛無主義者。現象消失、失
語、內爆、狂熱地『揮霍』！」[9]這種虛無主

義同後現代主義之間又有何本質的區別！顯
然，一種理論和學說的特徵不僅要依據這種
理論和學說的倡導者的自我表白來加以說明
和判定，而且還應當考察它的「效果歷史」
和被接受狀況。人們在布希亞身上貼上「後
現代主義者」的標籤之所以「看起來就是恰
如其分的」，根本原因就在於布希亞的理論和
學說可以被加以「後現代化」的解讀。當
年，當勞里（Gerard Raulet）與傅柯進行訪
談，問及傅柯是否願意被看作是從屬於當時
正在流行的所謂後現代主義潮流時，傅柯回
答道：「我們所說的後現代性是指什麼？我
是趕不上潮流了。……我既不能掌握『後現
代』一詞所要表達的問題種類—也不知道這
些問題如何與人們所謂的『後現代』有什麼
共通之處。」[10]這種反對自己被加以「後現
代」解讀的回答與布希亞幾乎如出一轍。然
而又有誰會完全否認傅柯的思想學說同後現
代主義之間千絲萬縷的牽連呢？誰又能夠否
認傅柯的思想對全球範圍的後現代思潮的深

刻影響呢？我們應該能夠從傅柯和布希亞這
兩位法國思想家的這種驚人的「家族相似性」
中有所創獲。這兩位思想家雖然都沒有明確
地認同過後現代主義理論話語或者實質性地
使用過「後現代」一詞，但他們的理論特
徵、話語實踐和概念模式都展示了他們與後
現代主義理論之間的親緣關係。事實上，在
進入一種理論和學說之前就過早地運用起批
判意識，往往會使理論評價和思想批判喪失
其目標。而對我們而言，要真正完整地把握
布希亞的學說特性和思想特徵，只能維繫於
對其作品進行「同情的理解」，維繫於對其文
本進行「生產性的解讀」。

註釋

1. 《結構主義和後結構主義：同M・傅柯的訪
   談》，載Telos雜誌第55期，1983年春季號，第
   197-198頁。

2. 布希亞：〈我不屬於俱樂部，也不屬於宮廷
   ——與邁克・甘恩和M・阿諾德的訪談〉，載
   《布希亞訪談錄》，倫敦和紐約，1993年，第19
   頁。

3. 同上，第20頁。

4. 同上，第20頁。

5. 同上，第21-22頁。

6. 邁克・甘恩：《布希亞：批判和命定理論》，
   倫敦，1991年，第46頁。

7. 《布希亞訪談錄》，第22頁。

8. 1989年5月在美國舉行了第一屆布希亞研討
   會，主題是「山間的布希亞」（Baudrillard in
   the Mountains）。布希亞本人在會上作了題為

「超政治、超性別、超美學」的基調演說。

9. 布希亞：〈論虛無主義〉，載《擬像與仿真》，
　密西根大學出版社，1994年，第162頁。

10. 《結構主義和後結構主義：同M・傅柯的訪
　談》，載Telos雜誌第55期，1983年春季號，第
　204-205頁。

第二章
消費社會批判

第一節　概述：當代社會的新話語

　　資本主義社會在第二次世界大戰以後的全面更新和迅速發展，使我們有可能對這一特殊歷史時段作出文化上的分期。這種「文化分期」的依據首先並不是某種無處不在且起支配作用的統一的思想觀念和行為方式，而是一個共同的客觀歷史情境，而林林總總、形形色色的理論創新，不過是在客觀歷史情境的結構範圍之內發生、並針對這一情境而作出的回應。

　　從歷史變遷的內在規律來看，第二次世界大戰之後資本主義國家的經濟體制、社會結構、生活方式以及人與人之間的關係確實發生了根本性的變革和重組，這些巨變促使和推動了一大批具有敏銳意識和創新能力的

理論家們爲之重新勾畫面貌打造圖譜，由此出現了「富裕社會」或「新工業國家」（約翰・加爾布雷思）、「後工業社會」（丹尼・貝爾）、「晚期資本主義」（弗・詹明信）等等新概念、新學說。在法國，情形也如出一轍：法國40年代開始施行的「莫內計畫」提倡國家控制政策，使其在60年代出現了現代化、技術發展、壟斷企業和國家技術官僚，「法國經歷了一場輝煌的復興。停滯不前的經濟體制變成了全球最具活力和最爲成功的經濟體制之一，物質現代化快速向前推進，一個農業社會轉變成了一個以城市工業占主導地位的社會。到處是繁榮的景像，同時伴隨著生活方式的變革，法國根深蒂固的傳統習俗同新的模式之間的種種奇妙衝突也隨之出現。……人們以往一直埋怨死抱住過去的那種生活，如今他們突然間面對生活在現代世界這一事實──這使他們既激動不已又措手不及。」[1]

　　全新的社會經濟條件促使法國的理論家

們提出全新的社會理論和批判話語來說明社
會條件和日常生活的變化，而戰後法國在現
代化過程中新出現的摩天大廈、百貨商場、
購物中心、高速公路以及無處不在的消費品
廣告和無孔不入的大眾傳媒，更是促成了理
論家們去研究時尚、傳媒、廣告、消費品乃
至性，去分析語言、表象、日常生活中的話
語、意象和符碼。於是，列斐伏爾把戰後新
的社會稱作「技術社會」、「富裕社會」、
「閒暇社會」，最終又稱之為「有計畫消費的
官僚社會」；迪波（Guy Debord）稱之為
「展覽的社會」；雷蒙‧阿宏（Raymond
Aron）和阿蘭‧杜蘭（Alain Touraine）則稱
之為「後工業社會」。各種新理論、新學說無
不把變化發展了的現實社會情境作為各自最
後的錨地。

　　在戰後這批群星閃耀的理論家中，列斐
伏爾和巴特無疑是兩位具有特殊貢獻的理論
家。從40年代開始，列斐伏爾就致力於運用
馬克思主義的理論和方法來說明日常生活發

生變化的條件、問題和可能性，並倡導「日
常生活批判」。在列斐伏爾看來，現代世界的
日常生活已經不再是具有豐富主觀性的「主
體」，而是成為社會組織的一種「客體」；資
本主義文化在本世紀5、60年代經歷了一個從
「象徵」（symbol）到「符號」（sign）再到
「訊號」（signal）占主導地位的演變過程，在
此演變過程中，由於時尚周期的不斷縮短以
及電視等新的傳媒手段的出現，藝術品和物
的世界被徹底加以改變，從而形成了以功能
主義的設計為特徵的冷漠的、機器人化的文
化，並導致了「指稱的喪失」。反映在語言的
發展上，明顯表現為三個發展階段：首先是
從波特萊爾到喬伊斯的現代性階段，詩人們
試圖在日常生活之上建立起一種言語的煉金
術；隨後，超現實主義和未來主義試圖在日
常生活之外重新構造出另一種現實；到了第
三階段，形式則完全淪為小說的現實。列斐
伏爾也使用「零度」這一概念來說明當代資
本主義社會所具有的「真實性」：這個社會

存在著零度物體（物體的分裂和重組）、零度
空間、零度時間、零度慾望和需求（即慾望
和需求在想像中被加以滿足），隨之而來的是
節日的消亡、風格的消亡和藝術的消亡。爲
了走出這一困境，列斐伏爾提倡一種新的文
化革命，在城市中恢復節日並倡導「性革
命」，以此來實現日常生活與城市之間的和
諧。

　　與列斐伏爾一樣，巴特也十分重視文化
和符號研究在當代資本主義社會的再生產中
所起的重要作用。受索緒爾研究「活生生的
社會符號」這一倡導的影響，巴特把符號學
這一對意義過程進行細緻分析的方法看作是
意識形態批判的根本方法，並把這種方法稱
作「神話學」。他分析了時裝、廣告、流行文
化和大眾傳媒等等諸種當代「神話」是如何
把資產階級自身的歷史階級文化改造成一種
普遍自然的文化，這種改造使得從歷史中所
產生的社會成了自然的一種附屬和外在表
現，從而掩蓋了社會中所發生的歷史衝突。

巴特還特別運用其符號學或神話學方法分析
了當代資本主義社會中的「物」的二重性：
物既有可用性，有其技術性和功能性的一
面，同時又是傳遞意義的載體或工具，是符
號的載體，例如，電話的功能是為了傳遞信
息，但其外觀無論是陳舊的還是時髦的，都
同這種傳遞信息的功能毫不相關，因此，符
號有兩種序列，一種是深層的隱喻序列，比
如說開燈意味著夜幕的降臨，另一種是區分
的序列，比如說百貨商店裡的商品往往被劃
分為不同的消費類型；有鑑於此，物是藉助
於多種要素之間的組合才得以維繫起來的，
如同房間裡的家具，其最終的意義亦即「風
格」是透過多要素的組合才得以實現的。

　　由於受業師列斐伏爾的影響以及與巴特
的親密交往，布希亞在60年代中後期將他的
研究興趣從文學關懷轉向文化關懷和社會關
懷之時，就突出了文化、意識形態和符號在
社會生活和日常生活中的作用，強調大眾傳
媒、時尚、藝術和技術等等都是當代資本主

義社會中的商品化形式和消費形式，強調只
有研究和考察商品化、文化和符號在當代資
本主義社會的社會邏輯中所起的主導作用，
才能夠眞正理解這個社會的政治、歷史、經
濟及其它各種社會現象。這些基本思想，便
首先集中體現在他的早期代表作《物體系》、
《消費社會》和《符號政治經濟學批判》等書
之中。

第二節　「消費社會」的符
號學向度

　　二次大戰後迅速變化和發展的當代資本
主義社會，是布希亞理論探討的出發點和主
要對象。布希亞用「新的技術秩序」、「新的
環境」、「日常生活的新領域」、「新道德」
等字眼來描述這種全新的社會秩序，並且認
爲，這種社會的特徵可以用兩個詞來加以簡

要概括，即「消費」和「富裕」：

> 如今，我們無處不被豐富多彩的物、服
> 務和消費品所形成的令人眼花撩亂的消
> 費和富裕所包圍，這在當今導致了人類
> 生態學的一種根本變化。嚴格而言，富
> 裕的人們不再像過去那樣為他人所包
> 圍，而是被物所包圍。他們不再與其同
> 儕日常交往，毋寧說，他們的日常交往
> 成了某種上升曲線的表現，旨在獲取和
> 操縱物與訊息……「環境」和「氛圍」
> 的概念無疑成了時髦，僅僅因為我們的
> 生活逐漸變得較少與他人相關，較少與
> 他人的在場和話語相關，而是更多地處
> 在欺騙性和臣服性的物的默視之下，這
> 些物持續重複著相同的話語……我們生
> 活在物的時代。[2]

「消費社會」或「富裕社會」是伴隨工
業化大生產的發展和技術的進步而來的，它
在展現物質豐富性的同時，也暴露了物質的

極大過剩。布希亞在《消費社會》中對此描
述道：「大型百貨商場充滿了奢華的罐裝
品、食品和服飾，它業已成爲富裕的主要場
景和幾何中心……我們的市場、商業大街和
購物中心……是我們的迦南之谷，其中流淌
著的不再是奶和蜜，而是番茄醬和塑料製
品。人們對未來的擔憂不再是物質的匱乏，
而是物質的過剩，是對每一個人都表現出來
的過剩……」[3]在此，人類的歷史也被隱喻般
地改寫爲從《聖經》中流淌著奶和蜜的迦南
之谷始，到充斥著過剩物質的市場、商業大
街和購物中心終。

　　既然「物」與「消費」已經成爲當代資
本主義社會的重心，那麼，透過對「物與消
費的社會意識形態體系」進行分析，就能夠
使我們理解日常生活的結構，把握整個社會
發展的基本動力。布希亞在其處女作《物體
系》一書的開始便描述了「物」在當代社會
生活和日常生活中的組織結構，其理論依據
就是：所有社會成員都是透過物的生產、安

排、使用和消費活動來組織其日常生活的。
比如，傳統社會中的家具是家庭史、家庭傳
統和個人趣味的外在表現，而現代家具則變
得極其功能化和富有變化，從而喪失了深
度、象徵意義和個性化風格，現代的室內裝
潢使物擺脫了表現功能，從而按照不同的功
能組合來安排，因此一張桌子既可以用於吃
飯，也可以用於寫字或堆放書報雜誌，一張
多功能的沙發椅既可以用於招待客人，又可
以當床用，現代社會生活和日常生活中的家
庭環境完全成爲一種多功能的有限空間，在
這種全新的組織結構中，「物」不再像以往
那樣是表現性的、主觀性的、家族的、傳統
的和裝飾性的，而是更爲功能化、同質化、
人工化和缺乏深度。

　　布希亞進一步使用了「氛圍」（ambience）
的概念來說明和解釋「物體系」，因爲「物」
固然是人們日常生活中必不可少的組成要
素，但同時又必然與其它東西關聯在一起
（比如職業經歷、兒童時期受教育的程度、居

住地、人際關係網絡等等），有關「物」的話語必須與其它社會實踐相關聯：「毋庸置疑，物品往往構成了一種認同體系，但它連接於尤其是附屬於其它的體系（諸如手勢、儀式、典禮、語言、誕生儀式、道德價值符碼等等）」[4]，因此，圍繞著「物」而建立起來的現代社會環境或「氛圍」已經完全變成了一種符號體系。顯然，這種分析方法既是對阿杜塞「總體化」方法論的繼承，又是對結構主義符號學理論的運用。從此開始，考察「符號」在社會生活和日常生活中的組織方式、本質和效果便成爲布希亞著作中一以貫之的重點。

「物」已經成爲一種「符號體系」，那麼對「物」的消費便可能成爲社會結構和社會秩序及其內在區分的主要基礎。布希亞認爲，消費品事實上已經成爲一種分類體系，對人的行爲和群體認同進行著符碼化和規約；他還特別分析了廣告語在這一過程中的特殊作用：

如果說，我們把產品（product）當作產
品來消費，那麼，我們則透過廣告來消
費其意義。……廣告業真正的所指是在
一夜之間以其全部的純粹性而出現的。
廣告……促成了大眾社會，它借助一種
任意的、系統的符號來誘使人們的認
同，刺激人們的意識，並在此過程中把
自身重新構造為一個集合體。大眾社會
和消費社會不斷地從廣告中獲得其合法
性。[5]

　　廣告的這種作用某種程度上類似於李維
史陀所分析的圖騰系統或社會關係的潛意識
結構的功能，社會結構和社會秩序借助這種
任意性的圖騰符號使自身獲得了維持自身特
性的能力。廣告所使用的符號實際上構成了
一種「區分體系」，使得一種消費品同另外的
消費品區分開來，由此也使消費品減為一種
系列或體系。「物」只有在被消費時，亦即
其「意義」被傳遞給單個的消費者時，這種

「物」才能發揮其自身的作用。於是,一種無窮的「符號遊戲」便可能從中出現。

由於獲得了一種符號學的理論視野,布希亞便對「消費」作出了一種全新的觀照:「事實上,我們可以把消費看作是工業文明的一種典型模式,在此條件下,我們可以從根本上把消費同其作爲滿足需求過程的流行意義區分開來。消費不是同主動性的生產方式相對立的一種被動性的攝取和占有方式,以便成了素樸的行爲(和異化)概念。我們從一開始就必須表明,消費是一種主動性的相互關聯的方式(不僅對物是如此,對於集合體和世界而言亦然),是一種系統化的行爲方式和總體反應,我們的整個文化系統就建基於其上。」[6]

在布希亞看來,物品並不就是我們的「消費」對象,它們充其量只是需求的對象和滿足這些需求的對象。我們一直在購買、占有、享用和花費,但我們並沒有眞正在「消費」。原始社會中的節慶、封建主的揮霍、19

世紀資產階級的奢華，所有這些行為都不能被稱作是「消費」行為。而當代資本主義社會之所以可以被稱作是「消費社會」，並非因為我們比以往變得更富裕了，占有了更多的意象和資訊，也不是因為我們掌握了更多的器械、設備和科技手段，因為「物」的數量和需求的滿足僅僅只是「消費」的前提條件，不足以用來界定「消費」概念本身。事實上，只有在一種關係結構中才能呈現出「消費」概念的全部豐富性。布希亞進一步提出：

> 消費既不是一種物質實踐，也不是一種「富裕」現象學。它既不是依據我們的食物、服飾以及駕駛的汽車來界定的，亦非依據視覺和聽覺的意象和資訊的材料來界定的，而是透過把所有這些東西組成指稱來加以界定的。消費是在具有某種程度的連貫一致性的話語中所呈現的所有物品和資訊的真實總體性。因此，

　　有意義的消費乃是一種系統化的符號操作行為。[7]

　　由於把「消費」定義爲一種系統化的符號操作行爲或總體性的觀念實踐，這樣的「消費」便大大超出了人與物品之間的主體──客體關係以及人與人之間的個體性關聯，從而可以被拓展到社會、歷史、文化乃至人類交往的所有領域。在此，「物」的「消費」同人類關係的「消費」之間存在著一種對等的邏輯：要成爲「消費」對象，「物」必須成爲「符號」，因爲「物」從來都不是因其物質性而被「消費」的，而是因與其它「物」的差異性關係而被「消費」的；同樣，當「物」轉變爲系統化的「符號」、當「消費」成爲系統化的符號操作行爲之時，人們之間的相互關係也隨之轉變成一種「消費」關係，也就是說，人們之間的關係試圖在物品中並且透過物品而被「消費」──事實上，「消費」（consume）一詞在此展開了它的雙

重涵義：它一方面意味著「消費」（因而也就
是消除），另一方面也意味著「實現」（因而
也就是完成）。布希亞還特別舉了美國的夫婦
們每年都要被鼓動著交換結婚戒指的案例說
明，這種「消費」行為是企圖透過禮品和購
買來「指稱」他們「結合在一起」的夫妻關
係，因此，「每一種慾望、計畫和需求，每
一種激情和關聯都被抽象化（或物質化）為
符號，並且成為有待購買和消費的對象」，
「被消費的不是物，而是關係本身」。[8]

　　在提出和闡發他的符號學消費理論的過
程中，布希亞還進一步在《消費社會》一書
中重點批判了以往的經濟學和社會學理論領
域中以「需求」為出發點的消費理論。他把
這種以「經濟人」（homoeconomicus）概念
為基石的需求消費理論以下述這種寓言化的
方式加以誇張描述：

　　　曾經有一個人，生活在匱乏之中。經過
　　在經濟學中的諸多冒險和長途跋涉之

後，他遇見了富裕社會。他同富裕社會
之間一拍即合並且產生了許多需求。[9]

這一寓言是從客觀物質資源的匱乏和人
的慾望本性這些假設出發而得以提出的，並
建立在人類的本性同人類的權利相結合的基
礎之上，其形式合理性就在於，它允諾並蘊
涵了資本主義社會的一個基本公理——人人
都可以天經地義地去追求他的最大幸福，而
對「物」的追求便能夠給他帶來這種最大的
幸福，於是，「整個消費話語……就是在這
種寓言化的神話序列中提出的：一個人『稟
賦』了需求，這些需求『引導』他去獲取
物，從而『給予』他以滿足感」。[10]

在布希亞眼裡，從馬克思到加爾布雷思
的整個經濟學和社會學領域的消費理論都是
這種從「經濟人」的設定出發的需求消費理
論，這種理論表面上看起來有其政治道德涵
義，因為需求可能是世界上最公平分配的東
西，人們在作為交換價值的物品面前是不平

等的，但是他們在作爲使用價值的物品面前
卻是平等的，人們根據自己的階級、收入或
性情來決定是否使用物品，但利用這些物品
的潛在可能性卻是人人都有的，每個人獲得
幸福和滿足的可能性都是同樣豐富的，這便
是上帝面前人人都可能平等思想的一種塵世
化表現：即「需求民主」。[11]然而，此種「需
求民主」並不能夠掩蓋其同語反覆的內在矛
盾，因爲把需求和滿足加以神化，只會導致
「我買這件東西是因爲我需要這件東西」的同
語反覆，而在布希亞看來：

　　消費沒有任何界限。如果天真地把消費
　　看作是一種攝取和饕餮之舉，那麼總會
　　有飽和之時。如果視之爲需求秩序的一
　　種功能，那麼總會有滿足之時。然而我
　　們知道情況並非如此：我們試圖消費愈
　　來愈多的東西。這種消費驅動力並不是
　　某種心理因素的結果，亦非僅僅是一種
　　模仿的力量。如果說消費是不可遏制

的，這恰恰因為它是一種總體性的觀念
實踐，不再與需求的滿足相關，也不再
與現實原則相關。[12]

　　只有把「消費」看作是一種系統化的符
號操作行為或總體性的觀念實踐，才能夠走
出傳統經濟學以「經濟人」為概念基石的需
求消費理論的邏輯困境。因此，布希亞得出
結論說：「消費是一種維繫符號運作和群體
團結的系統：它同時是一種道德（一種意識
形態的價值系統）、一種交往系統、一種交換
結構」，「消費系統是以符號代碼（物／符號）
和差異性為基礎的」，「消費是一種集體性的
和主動性的行為，是一種約定，一種道德，
一種制度。它是一種徹頭徹尾的價值系統，
該詞蘊涵著群體團結和社會控制」。[13]

第三節　符號政治經濟學
　　　　批判

　　如果說布希亞從符號學的向度
（dimension）對「物」和「消費」進行闡釋
還只是對符號學理論的一次「挪用」，那麼，
《符號政治經濟學批判》一書則展示了他對結
構主義符號學理論的批判；布希亞進而把這
種批判運用到對政治經濟學理論的分析之
中。

　　在索緒爾的結構主義符號學理論中，
「能指」（the signifier）或語詞是同「所指」
（the signified）、「意象」（mental image）或
「指稱對象」（the referent）相分離和割裂
的，因此「能指」與「所指」之間的關係不
是一一對應的，而是任意的：「能指和所指

的聯繫是任意的，或者，因爲我們所說的符
號是指能指和所指相連結所產生的整體，我
們可以更簡單地說，語言符號是任意的。」
[14]一個符號的「值」（value）是由它與其它符
號的結構性關聯所構成的。布希亞認爲，索
緒爾的這種「策略」實際上是將「所指」或
語詞所指稱的對象當作了「能指」或語詞的
「辯解理由」（alibis）；而政治經濟學的商品
理論則秉承了同樣的邏輯或「策略」：在一
個由生產占主導地位的社會中，商品有其
「使用價值」和「交換價值」的相對區分，一
種商品的「使用價值」是指其滿足某些需求
的功效，而商品的「交換價值」則是指它的
市場價值。這種理論同樣是運用了結構主義
符號學的「策略」，即把「使用價值」當作
「交換價值」的「辯解理由」。

　　在布希亞看來，僅僅對「物」作出「使
用價值」和「交換價值」的區分顯然是狹隘
的，因爲有許多「物」難以還原到這種二分
法之中，比如，在當代資本主義社會中依然

普遍存在的「禮物」（諸如結婚戒指）就是超
越了「使用價值」與「交換價值」二分法的
一種「物」，因為從純粹的「使用價值」的角
度來看，結婚戒指是毫無存在理由的一種
物，它似乎僅僅是為了夫妻或情人之間的交
換而存在的。有鑑於此，一種「符號政治經
濟學批判」就是必要的：「符號政治經濟學
批判旨在分析符號形式，就如同政治經濟學
批判旨在分析商品形式一樣。由於商品同時
包含著交換價值和使用價值，其總體分析必
須包含著系統的兩個方面；同樣，符號既是
『能指』又是『所指』，因此對符號形式進行
分析必須在兩個層面上進行」。[15]布希亞進而
提出了這種「符號政治經濟學批判」的三大
任務：從批判政治經濟學走向批判「使用價
值」、從批判政治經濟學走向符號和符號系
統，提出「象徵交往」（symbolicexchange）
理論。[16]

　　為了提出他的「符號政治經濟學批判」
的一種總體理論，布希亞為「物」這一範疇

增添了「象徵物」（the symbolic object）和「符號物」（the sign object）的概念，並且指認了當代資本主義社會所存在的四種各個不同但又各個相互關聯的邏輯：

(1) 實際運作的邏輯（the logic of practical operations），其對應於「使用價值」。

(2) 等同性邏輯（the logic of equivalence），其對應於「交換價值」。

(3) 模糊性邏輯（the logic of ambivalence），其對應於「象徵交往」（symbolic exchange）。

(4) 差異性邏輯（the logic of difference），其對應於「符號價值」（sign-value）。

上述這四種邏輯也可以相應地被稱作是「有用性（utility）邏輯」、「市場（market）邏輯」、「禮物（gift）邏輯」和「身分

（status）邏輯」，「物」在這四種邏輯中也相應地成了「工具」、「商品」、「象徵」和「符號」。[17]

　　布希亞還從上述四種不同的價值邏輯出發，提出了一系列普泛化的換算公式來闡明他的「符號政治經濟學批判」的總體理論。他把四種不同的邏輯分別簡稱爲：UV（使用價值的功能邏輯）；EcEV（交換價值的經濟邏輯）；SgEV（符號價值的區分邏輯）；SbE（象徵交往邏輯）。於是：

　　「符號價值與象徵交往之間的關係，同交換價值與使用價值之間的關係是一樣的」

　　用換算公式來表示就是：

$$\frac{SgEV}{SbE} = \frac{EcEV}{UV}$$

　　同樣：

　　「符號價值與交換價值之間的關係，同象徵交往與使用價值之間的關係是一樣的。」

　　用換算公式來表示就是：

$$\frac{SgEV}{EcEV} = \frac{SbE}{UV}$$

而為了保持商品的交換價值與使用價值
關係同符號的「能指」與「所指」關係之間
的一致性，符號形式與商品形式之間的關係
就能夠被換算成「能指」與「所指」之間的
聯繫，用換算公式來表示就是：

$$\frac{EcEV}{UV} = \frac{Sr}{Sd}$$

【在此，「能指（the signifier）簡稱為
"Sr"，「所指」（the signified）簡稱為
"Sd"。】[19]

這些抽象化的換算公式揭示出，「能指
的邏輯、它的自由活動和運作是如何成為交
換價值系統的邏輯的，所指的邏輯是如何從
屬於能指的邏輯的，使用價值的邏輯是如何
從屬於交換價值的邏輯的」[20]。這些換算公
式的獲得，是把符號形式的分析與商品形式

的分析結合在一起的結果。而在布希亞看
來，以往純粹的政治經濟學批判或者說物質
生產理論只是一種「商品拜物教」，符號學或
者說文本生產理論只是一種「符號拜物教」，
兩種理論都沒有能夠把對符號形式的分析與
對商品形式的分析結合在一起。而只有他所
提出的作為一種總體理論的「符號政治經濟
學批判」，才能夠從根本上解決符號形式分析
與商品形式分析相結合的問題。於是布希亞
得出結論說：

> 如今，消費（如果說該詞具有不同於庸
> 俗經濟學家的涵義的話）恰恰說明了這
> 樣一個發展階段，即商品完全被當作符
> 號，被當作符號價值，而符號（文化）
> 則被當作商品。……如今任何東西（物
> 品、服務、身體、性、文化、知識等等）
> 在生產和交換的過程中都不能夠單獨被
> 作為符號來解釋，或者單獨被作為商品
> 來把握，在一般政治經濟學的語境中起

　　主導作用的任何東西既不單獨是商品也
不單獨是文化……而是不可分割的兩者
的結合體……使用價值、交換價值和符
號價值集聚在一種複雜的模式中，從而
說明了政治經濟學的最普遍的形式。[21]

　　布希亞的「符號政治經濟學批判」是把
對符號形式的分析與對商品形式的分析結合
在一起的結果，而這種結合歸根結底是把文
化分析引進了政治經濟學的分析和批判的領
域，因此我們同時也可以認為，「符號政治
經濟學批判」實際上也就是一種文化分析、
文化理論或者說文化階級策略。在《符號政
治經濟學批判》一書中，布希亞便曾從電視
這一「隱喻」入手對這種文化理論作了舉證
說明：電視首先是一種物，具有一般商品的
普遍特徵，但電視還可能被看作是一種特殊
的商品，一種社會象徵符號，承擔了廣泛的
文化聯繫、身分表徵或幻覺的功能，是社會
成員地位和身分的象徵，作為消費者的單個

個體也正是憑藉這種地位和身分而被整合到
社會系統之中的。由於電視這樣的「物」具
備了商品的價值和社會儀式的價值，因此，
「一種適切的關於物的理論不能夠建立在需求
及其滿足的基礎之上，而應建立在一種聲望
和指稱理論的基礎之上」，「對『消費』進行
社會學分析，其根本的概念假設不是使用價
值及其與需求的關係，而是象徵交往價值」，
「在購買、市場和私人財產等等所有的上層建
築後面往往存在著社會聲望的機制」，「此種
區分和聲望的機制恰恰正是價值體系以及社
會等級秩序整合體系的基礎」。[22]

　　從文化分析或「文化階級策略」的角度
對包括馬克思主義在內的以往所有的政治經
濟學批判理論和符號學理論加以批判，逐漸
表明布希亞向唯心論的偏離，某種程度上意
味著布希亞「六經皆我注腳」的思維傾向。
布希亞著作的主要英譯者及其思想的主要研
究者、英國Loughborough大學社會學高級講
師甘恩（Mike Gane）便曾站在馬克思主義

的立場上對布希亞的「符號政治經濟學批判」作了批判，在他看來，社會聲望機制本身就是社會實踐和歷史文化發展的結果，英國工人喜歡啤酒，法國工人喜歡葡萄酒，說明酒同時可能是符號和交換價值，是禮物和社會聲望的表現，而布希亞把「物」的使用價值僅僅圈於符號系統之內顯然是狹隘的，因為對使用價值的分析同時必須和符號系統之外的其它社會實踐和文化進程結合起來加以考察。[23]這種批評顯然是強調了馬克思主義作為歷史唯物主義的題中應有之義。事實上，誠如凱爾納在《布希亞：從馬克思主義到後現代主義及其超越》一書中所言，布希亞認為使用價值在馬克思主義那裡是商品生產和商品交換出現之前就已經存在的東西，這種讀解是：「樹起了一個稻草人馬克思，極其誇大了馬克思需求理論和使用價值理論中的所謂自然主義」[24]。雖然廣告、時裝、大眾傳媒等全新的主宰手段在馬克思的時代並沒有像在當代社會這樣占到主導地位，因而符

號價值及其功能、合理化和系統化的過程並
沒有成爲馬克思的理論考察核心，然而，布
希亞爲了強調自身的符號理論而對馬克思主
義所作的自然主義或經濟主義式的讀解卻是
一種單向度的讀解，完全忽視了馬克思主義
的歷史唯物主義對社會文化實踐和社會歷史
進程的強調。布希亞理論和學說中更大的問
題，還在於他別出心裁地使用或挪用了大量
新概念、新術語，而他本人卻很少對這些概
念和術語加以嚴格清晰的界定，使得其理論
和學說缺乏邏輯的嚴謹性，其立場的變動不
居更是加深了人們對這些概念和術語的理解
難度。這一問題在布希亞有關「符碼」、「擬
像」、「仿眞」、「超現實」等等概念和學說
的表述中更加明顯，本書將在以後的章節中
專門論及。

第四節　反本質主義的策略

　　從《物體系》到《消費社會》再到《符號政治經濟學批判》，布希亞對當代資本主義社會所出現的「消費社會」這一全新境況進行了考察，並且運用符號學對此作了批判。與同時代絕大多數的法國理論同行一樣，布氏這種理論批判的內在精神和動力很大程度上仍然來源於結構主義符號學尤其是馬克思主義，即使布氏的上述著作同時涉及了對馬克思主義的批判，其至多也只能算作是從馬克思主義內部所作的一種批判，這一時期的布希亞在某種意義上仍然是一個馬克思主義的「內在批判者」。

　　然而到了1973年，情形發生了根本的變化：布希亞推出了他的《生產之鏡》一書，

清楚地表明了他與馬克思主義徹底決裂的理
論姿態。《生產之鏡》一書毫無掩飾地表露
了這一理論姿態：

> 為了徹底批判政治經濟學，僅僅揭示出
> 消費概念背後的東西亦即需求和使用價
> 值的人類學，是不夠的。我們必須同時
> 揭示出生產、生產方式、生產力、生產
> 關係等等概念背後的所有東西。馬克思
> 主義學說的所有基本概念都必須受到質
> 疑，這種質疑應當從他自己所提出的徹
> 底抵制和超越政治經濟學這一要求開
> 始。[25]

事實上，《生產之鏡》一書的標題本身
就是一種隱喻的說法。在布希亞看來，馬克
思把勞動看作是人類基本需求和發揮人類潛
能的首要人類活動，生產力和生產關係之間
的矛盾構成了主宰迄今為止全部人類社會歷
史的基本矛盾，人類社會的其餘所有的現象
都可以依據生產力和生產關係來加以說明和

解釋，這種「生產性邏輯」[25]從生產出發對自然進行了「重寫」，從生產關係出發對歷史進行了「重寫」，這實際上是生產占主導地位、以生產爲至高原則的資本主義的一種「鏡像」（mirror）：「生產的話語和表象的話語是一種鏡像，政治經濟學體系藉此得以在想像中反映出來，並且作爲決定性因素被再造出來。」[26]

如所周知，「鏡像」隱喻最早可以溯源到古希臘哲學家柏拉圖在《理想國》一書中所提出的「洞穴隱喻」：拘囿於洞穴中的囚徒永遠看不到眞實的世界，只可能感受到眞實世界的音影，從而「誤指爲月」，把眞實世界的音影當作了眞實的存在；直接經驗不再是有關現實的經驗，而是人心對現實的摹本。而囚徒的困境恰恰正是人類存在境況的象徵。自此，一種基本的兩分法便開始占據主導地位，西方整個哲學文化傳統便從這種「鏡式的視覺隱喻」出發，區分出了現象與實在、表象與本質，並認定了「眞理」、「理

性」、「基礎」、「自我」、「心靈」等等「大
詞」以達到貶抑變動不居的現象或表象，推
崇恆久不變的實在或本質的目的，即如當代
美國著名哲學家、反本質主義和反基礎主義
的代表人物羅逖（Richard Rorty）所言：
「心作為一面巨鏡，它包含著各種各樣的表象
（其中有些準確，有些不準確），並可借助純
粹的、非經驗的方法加以研究。」[27]此種
「鏡式的視覺隱喻」旨在為人類的經驗和理解
活動奠定牢靠的基礎。笛卡耳主義倡導把
「理性」作為整個西方形而上學認識論和真理
論的永恆基礎，便是這種基礎主義和本質主
義的集大成者。

　　在布希亞看來，馬克思主義仍然沿襲了
這種本質主義和基礎主義的衣鉢，其只不過
是用「生產」替代了「本質」或「理性」，這
種「生產之鏡」，不僅是資本主義社會「生產
性邏輯」的直接「鏡像」，而且也是西方文化
傳統的自我中心主義和普遍主義的結果：

西方文化首先對自身作出了批判的反思
（從18世紀開始）。但這種危機的結果
是，它反思自身，同時也把自身看作是
一種普遍化的文化，因此其它所有的文
化都被當作是模仿後的遺跡而進入它的
博物館。它對這些文化進行「審美」，按
照自身的模式對它們重新加以解釋，從
而排斥了徹底質問這些「異類」文化的
可能性。這種文化「批判」的局限性是
顯而易見的：它對自身的反思只是導致
了其自身的原則的普泛化。[28]

　　由於這種自我中心主義和普遍主義，從
政治經濟學批判中所得出的生產、勞動、生
產力、生產關係、需求、價值等等概念和話
語，便被普泛化地推廣運用到那些沒有「歷
史」、「書寫」或生產關係的社會中，從而造
成了一種「概念暴力」（conceptualviolence），
造成了一種「話語強加」，因此，布希亞斷
言：「整個西方的形而上學都在生產之鏡中

得以反映，這種生產之鏡必須打破」。²⁹

　　爲了打破這種「生產之鏡」，布希亞旁騖它途，從他的同行李維史陀尤其是巴塔耶（Georges Bataille）的傑出成就中深受啓示，因而對人類學表示出了極大的興趣，³⁰試圖從人類學的研究成果中找尋到「生產之鏡」所具有的理論困境。

　　布希亞認爲：「如果說有一樣東西是馬克思所未曾想到的話，那就是釋放（discharge）、耗費（waste）、奉獻（sacrifice）、揮霍（prodigality）、遊戲（play）和象徵（symbolism）。」³¹馬克思把勞動看作是財富之父，把土地看作是財富之母，強調勞動和土地的天造地設才是人類財富的眞正源泉，這種隱喻的背後，實質上隱藏著的是標準化的生產—再生產的理論構架：「這一隱喻是生殖隱喻，有關再生產的，性的隱喻，而不是釋放身體以獲取享受的隱喻」，³²這種指向是爲了生兒育女，而不是爲了獲得快樂。

　　從人類性活動的兩種不同指向（生兒育
女和獲得純粹的快樂）來說明自己與馬克思
理論立場的判然有別，在在顯示了布希亞理
論建構「筆走偏鋒」的奇招；而從概念系譜
上考察，所謂「釋放」、「耗費」、「奉獻」、
「揮霍」、「遊戲」、「象徵」和「快樂」等等
概念，卻是布希亞對巴塔耶的人類學思想和
「普遍經濟學」思想的「挪用」。在巴塔耶那
裡，人是具有過剩的能量、幻想、衝動和需
求的「精力過剩」（excess）的生物，天生的
從支出、耗費、喜慶、宴樂、奉獻之類的
「付出型」活動中獲得快樂，人類作為自由自
主、至高無上的活動者，在這些活動中可以
自由地支配和消遣自己過剩的能量和精力，
從而眞正實現自己的天性，而強調生產、勞
動、有用性、節制等等社會規範和道德律令
的資本主義社會則是違反人類天性的。巴塔
耶還以太陽爲例對自己的「普遍經濟學」作
了生動的解說，在他看來，太陽單方面無償
地給地球以光和熱而不求任何回報，堪稱單

方面饋贈的典範，因此，在巴塔耶那裡，
「普遍經濟學」又可以稱作「太陽經濟學」，
它強調「開支」、「耗費」、「奉獻」、「揮
霍」、「宴樂」等等原則是比生產和勞動更為
根本的主導性原則。[33]

　　布希亞接受了巴塔耶的上述基本思想，
並把它稱作是對資本主義社會所作的「貴族
式批判」，因為「普遍經濟學」所依賴的是
「開支」、「揮霍」、「宴樂」、「過剩」等基
本概念，而所有這些基本概念都帶有濃厚的
「貴族」色彩，因此，所有這些行為也就都是
建立在類似於尼采所謂的「主人道德」原則
上的「貴族」行為。而馬克思之所以未能引
進這些概念或考察這些現象，是因為馬克思
仍然僅僅拘圍於生產和勞動之類的基本概
念，是因為「在馬克思的時代，商品遠遠沒
有實現其普遍化形式」。[34]而在馬克思之後，
特別是20世紀以來，資本主義社會進入到一
個全新的階段即壟斷資本主義階段，尤其是
經歷了1929年的全球經濟危機之後，資本主

義社會的主導邏輯已經發生了根本變化，在
其中，「消費的例子是意義重大的。封建體
制消亡了，因為它無法找到合理生產的道
路。資產階級知道如何差使人們去勞動，但
它也差點沒有能逃脫1929年的災難，因為它
不知道如何推動人們去消費。直到那時它仍
然滿足於透過武力來實現人們的社會化並且
剝削他們的勞動。從此之後，人們被鼓動著
成為消費者；他們的『需求』就像其勞動力
一樣具有了根本性。透過這種運作，整個體
制確保了經濟的迅猛發展。」[35]

　　因此，壟斷性體制同競爭性體制不同，
它是一個終結了生產、排斥了資本邏輯、從
而把「消費」確立為主宰力量和主導邏輯的
體制，人類的力量不再體現於其對象化的勞
動中，不再體現於其生產成果中，而是體現
在「支出」、「耗費」、「奉獻」、「揮霍」、
「宴樂」這些更能夠展示人類本性的活動中，
體現在巴塔耶所說的那種悸動的、震顫的、
力必多（libido）意義上的純粹耗費型的象徵

性隱喻活動之中。雖然馬克思同樣提出了人
的力量和潛能的發揮，但在馬克思那裡，人
的潛能發揮仍然是一種經濟性的、生產性
的、有其終結性和目的性的力量的釋放，仍
然是一種冀求有所回報的「投資」，而不是
「一種無緣無故的宴樂式的身體力量的釋放，
一種同死亡的遊戲，或者是一種慾望的展
示」，歸根結底，「生產之鏡」的主導邏輯中
「沒有確立起象徵交往」（symbolic
exchange）。[36]

　　爲了提出和闡述自己的「象徵交往」學
說，布希亞進一步發展了巴塔耶的思想。在
他看來，巴塔耶的「普遍經濟學」或「太陽
經濟學」中以太陽爲例論證單向度的支出、
付出或饋贈仍然是不充分的：

　　　　單方面的饋贈並不存在。這不是宇宙的
　　　　規律。這位認真研究過阿茲特克人祭祀
　　　　儀式的人應該知道，在他們的儀式中，
　　　　太陽並沒有給予什麼，而是需要人類用

自己的血來不斷滋養它，它才能夠發出
光和熱。需要透過祭祀儀式向諸神挑
戰，以便他們能夠以富裕相回報。換言
之，奉獻和普遍經濟學的基礎從來就不
是純粹簡單的開支——或者是所謂的大
自然賦予我們的過度衝動——而是一個
不斷進行挑戰的過程。[37]

　　爲了彌補巴塔耶「普遍經濟學」單方面
無償饋贈思想的明顯不足，布希亞進一步從
法國著名社會學家、人類學家毛斯（Marcel
Mauss，1872—1950）那裡尋求理論支持。

　　身爲涂爾幹（Emile Durkheim）的外甥
和學生以及涂爾幹之後法國社會學界的領軍
人物，毛斯對包括毛利人、薩摩人等在內的
原始部落的古代制度進行了人類學和社會學
的研究，從中發現，原始部落的社會習俗和
經濟制度完全不像我們所想像的那樣，這些
部落個體之間以及個體與群體之間的禮物交
換尤其具有特別重要的意義，它並不是物物

交換的一種簡單行為，而是具有豐富內涵的
人類活動，事實上已經成為對部落而言具有
道德、經濟、法律、審美、宗教、神話、社
會乃至語言蘊涵的一種活動。這些原始部落
的人們所交換的禮物具有兩方面的要素：一
方面是這些禮物無不表達出社會成員的尊
嚴、地位和威望，另一方面，在接受禮物之
後，必須同時回贈禮物，因為回贈禮物已經
成為一種絕對律令，否則就會被其他社會成
員認為是「失分」和「丟面子」，因此，饋贈
禮物、接受禮物與回贈禮物的絕對律令共同
構成了一種「總體性的威望」。毛斯在其代表
著《禮物：古代社會的交換形式與功能》一
書中論述道：「……享用和回贈與饋贈和接
受是同時並在的一系列權利和責任。在某種
程度上作為人的組成部分的物與某種程度上
像物那樣行為的人和群體之間，這種對等互
惠的權利模式是最為重要的精神紐帶，認識
到這一點，我們也就不難理解這種對等互惠
的權利模式。」[38]

　　強調禮物交換過程中饋贈和回贈是同等
重要的絕對律令，無疑使布希亞如獲至寶、
如遇知音，找到了一條走出巴塔耶單方面無
償饋贈思想困境的出路，更何況布希亞本人
對人類學還有著強烈的興趣，對原始社會還
有著一種思鄉和懷舊之情。在布希亞看來，
在原始社會，「沒有生產者，沒有『生產方
式』和客觀勞動，不論它們是否可以控制。
沒有什麼需求或滿足感在引導著人們：那些
都是為稻粱謀經濟學（subsistence economy）
的過時幻想！……確切而言，禮物交換依據
的不是對交換物的估價或等同性原則，而是
人與人之間相對的交往性」。[39]

　　布希亞認為，原始社會這種饋贈與回
贈、予與取之間不間斷循環往復的社會關
係，正是他所孜孜以求的所謂「象徵交往」
關係，此種關係曾經在相當長的歷史時期內
成為社會成員的主導性關係，最終，由於生
產性邏輯占據主導地位之後，積累活動的出
現，原始的「象徵交往」關係被逐漸打破，

因為積累活動實質上是一種只受贈不回贈、
只取不予、只借不還、只攢不用、只生產不
毀除的活動，是一種不存在交換關係的活
動。如今，當代資本主義社會的主導邏輯已
經發生了變化，並且導致了當代社會交往關
係的變化，最終導致「象徵交往」關係重新
占據了主導地位，這種「象徵交往」關係歸
根結底是一種「符碼的壟斷」：

> 這種變化涉及從商品形式向符號形式的
> 轉變，從以普遍等同為規律的物質產品
> 交換的抽象活動到以符碼為規律的所有
> 交換的運作活動的轉變。隨著向符號政
> 治經濟學的轉變，問題不再是所有價值
> 的純粹「商業化濫用」……而是把所有
> 價值轉變為符碼一體化下的符號交換價
> 值。40
> 這意味著從生產力、剝削、利潤的體制
> （社會勞動時間是這種競爭性體制的主導
> 邏輯）轉變到問與答的巨大的操作遊

戲，轉變到一個巨大的結合體，所有的
價值在其中都按照自身的運作符號傳遞
互換。與其說壟斷階段是指生產方式的
壟斷（這種壟斷從來都不是總體化的），
不如說是符碼的壟斷。[41]

　　從結構主義符號學的立場觀之，在這種
「符碼的壟斷」中，「能指」和「指稱對象」
實質上已經被取消，符號不再返身指涉任何
主觀的或客觀的「現實」或「實在」，而僅僅
指涉自身；「能指」成了自身的指稱對象，
這種「能指」的遊戲成為一種普遍化形式，
而「符號的超意識形態和『能指』的普遍運
作如今無時無地不為結構語言學、訊息論和
控制論等全新的占主導地位的學科所支持，
它們已經替代了過時的政治經濟學而成為系
統的理論基礎。這種全新的意識形態結構以
符碼的象形文字為基礎，要比以生產力為基
礎的結構更難為人們所理解。這種以意義和
差異的產生為基礎的操縱活動要比以勞動力

爲基礎的操縱活動更爲徹底」。[42]

　　布希亞不遺餘力地結合人類學、社會學、符號學的研究成果提出自己的「象徵交往」理論，實質上是擯棄了馬克思主義所強調的生產在一切社會中起著首要作用的基本思想，從而在圍繞著「象徵交往」而建立起來的所謂「象徵社會」同圍繞著生產而建立起來的所謂「生產性社會」之間劃上了一道不可逾越的理論鴻溝。在《生產之鏡》一書中，布希亞得出結論說：

> 我們面臨著符碼化、超符碼化、符碼的普泛化和資本主義體制不斷增長著的公理化（德勒茲）。但是，與成功的抽象化和不可逆轉的壟斷化不同的是出現了這樣的要求：沒有予就沒有取，沒有輸就沒有贏，沒有毀除就沒有生產，沒有答就沒有說。總而言之，象徵要求纏繞著整個體制。[43]

　　布希亞在此實際上是以符號的生產和增

生徹底替代了物的生產，這種「後工業社
會、訊息社會、控制論社會或後現代社會的
左派理論」（凱爾納語），從一個極端否定了
物質生產和商品交換在現代社會中的地位和
作用。布氏的這種理論創見，一定程度上確
實反映了西方社會經濟發展的現實，尤其是
在所謂的「虛擬經濟」或「新經濟」不斷成
長的今天，布希亞的理論創見更顯示出獨特
的超前預見性，儘管這些理論創見總是以某
種極端或誇張的理論姿態來加以表達。

　　也許早已明確意識到自己的理論立場過
於極端，布希亞在《生產之鏡》一書中，針
對自己的「象徵交往」理論所可能遭遇的反
對意見，就曾提出過如下的辯解理由：「認
為我們的社會在很大程度上仍然受制於商品
邏輯，這種反對意見是毫無意義的。當馬克
思著手分析資本時，資本主義工業化生產在
很大程度上仍然只是一種罕見的現象。當他
把政治經濟看作是一個決定性領域時，宗教
仍然在很大程度上占據著主導地位。理論性

論斷從來都不是在數量層面上作出的，而是
在結構批判的層面上作出的。」[44]言下之
意，彷彿是說，就如同馬克思的政治經濟學
批判具有其前瞻性和預見性那樣，他本人的
「符號政治經濟學批判」也具有同樣的前瞻性
和預見性。儘管如此，布希亞在方法論上仍
然是有失偏頗的，當他以「符碼主宰」取代
「生產主宰」、以「指稱模式」取代「生產模
式」時，實際上是以「指稱之鏡」取代了
「生產之鏡」，從而墮入一種「符號決定論」，
因此，布希亞實際上是以一種本質主義取代
了另一種本質主義，從而印證了所謂的「反
本質主義」的內在理論困境：任何形式的
「反本質主義」最終都很難堅持其理論的徹底
性，都會以這樣或那樣的形式走向另一種本
質主義。與此同時，布希亞的理論批判之箭
在更大程度上似乎射中的是結構主義的馬克
思主義，而不是歷史唯物主義的馬克思主
義，因為與歷史唯物主義強調社會批判和社
會實踐，而較少決定論色彩不同，以阿杜塞

為代表的結構主義的馬克思主義更強調馬克
思主義是一門科學，並且賦予無產階級政黨
以特許地位，認為這種政黨才是掌握了歷史
規律並實現社會變革的工具。

　　需要特別說明的是，對建立起象徵交往
關係的原始社會懷有一種思鄉之情和家園之
感的布希亞，對當代資本主義社會的「符碼
壟斷」不是持一味地頌揚和讚賞的態度，而
是從這些符碼的強加所造成的客觀化事實中
看到了種種顛覆和反叛的力量，從而像絕大
多數的後現代主義思想家那樣提出了理論顛
覆或文化反抗的方法和策略，這也就是他的
「沉默的多數」或「邊緣群體」的「文化革命
策略」。在布希亞看來，「人種、類族、性
別、年齡、語言、文化、符號，無論是人類
學意義上的還是文化意義上的，所有這些標
準都是差異、指稱和符碼的標準」，[45]而資本
主義為了確保自身的獨占和統治的合法性，
往往把白人——黑人、男——女、成年——
青年等等符碼加以客觀化，並且常常抑後者

揚前者。於是，黑人、婦女、青年人等群體
成了名副其實的「邊緣群體」，他們的反抗力
量所形成的「文化革命」直接針對的是符碼
的強加，而不再是經濟壓迫和剩餘價值的剝
削：

> 黑人反抗的是種族符碼，這種反抗目標
> 比反抗經濟剝削要遠為徹底。婦女反抗
> 的是使女性成為非標誌性術語的符碼。
> 青年人反抗的是一種極端化的種族歧視
> 過程，在此過程中，青年人毫無發言權
> 可言。那些處在壓制的結構性障礙之下
> 並被推到毫無意義之境地的所有社會群
> 體都會作出類似的反抗行為。這種反叛
> 所向不再是經濟剝削，不再是剩餘價值
> 的巧取豪奪，而是符碼的強加，此種符
> 碼強加維護了當下的社會統治策略。46

這種「文化革命」的策略與德希達在
《哲學的邊緣》中所提出的「邊緣群體」的政
治學以及傅柯的「差異」政治學相類似，顯

然都受到了1968年法國「五月風暴」的直接
影響。而「文化革命」的策略同下文所要述
及的「擬像」、「仿眞」、「超現實」、「內爆」
等等思想一道，共同構築了布希亞思想中的
後現代主義領地，從而把布希亞不斷推向後
現代主義的神壇。

註釋

1.約翰・阿達（John Ardagh）：《八十年代的法國》，紐約，1982年，第13頁。轉引自S.貝斯特和D.凱爾納著：《後現代理論：批判的質疑》，紐約，1991年。

2.布希亞：《消費社會》，載《尚・布希亞文選》，史丹佛大學出版社，1988年，第29-30頁。

3.同上，第30頁。

4.布希亞：《物體系》，《尚・布希亞文選》，第19頁。

5.同上，第10頁。

6.同上，第21頁。

7.同上，第21-22頁。

8.同上，第22-23頁。

9.布希亞：《消費社會》，《尚・布希亞文選》，第35頁。

10.同上。

11.參見布希亞：《符號政治經濟學批判》，
   《尚‧布希亞文選》，第71頁。

12.布希亞：《物體系》，《尚‧布希亞文選》，
   第25頁。

13.布希亞：《消費社會》，《尚‧布希亞文
   選》，第46，47，49頁。

14.索緒爾：《普通語言學教程》，高名凱譯，商
   務印書館，1980年版，第102頁。

15.布希亞：《符號政治經濟學批判》，《尚‧布
   希亞文選》，第75頁。

16.同上，第63頁。

17.參見布希亞：《符號政治經濟學批判》，聖路
   易斯，1981年，第66頁。

18.同上，第126頁：

19.參見布希亞：《符號政治經濟學批判》，
   《尚‧布希亞文選》，第62頁。

20.同上，第63頁。

21.同上，第80頁。

22.布希亞：《符號政治經濟學批判》，聖路易

斯，1981年，第30頁。

23.參見邁克·甘恩：《布希亞：批判和命定理論》，倫敦，1991年，第84頁。

24.道格拉斯·凱爾納：《尚·布希亞：從馬克思主義到後現代主義及其超越》，史丹佛大學出版社，1989年，第36頁。

25.布希亞：《生產之鏡》，聖路易斯，1975年，第21頁。

26.同上，第20頁。

27.理查·羅逖：《哲學與自然之鏡》，北京：三聯書店，1987年，第9頁。

28.布希亞：《生產之鏡》，第88-89頁。

29.同上，第47頁。

30.美國人類學家馬歇爾·薩哈林（Marshall Sahlines）在同S·貝斯特（Steve Best）的訪談中說，布希亞在60年代末70年代初是個「很嚴肅」的人，並且對人類學和社會學表示出極濃厚的興趣。參見道格拉斯·凱爾納：《尚·布希亞：從馬克思主義到後現代主義及其超越》，第223頁。

31.布希亞：《生產之鏡》，第42頁。

32.同上，第43頁。

33.參見喬治·巴塔耶：《過度的觀點》，曼徹斯特大學出版社，1985年。

34.布希亞：《生產之鏡》，第117頁。

35.同上，第144頁。

36.同上，第44頁。

37.同上，第61頁。

38.馬塞爾·毛斯：《禮物：古代社會的交換形式與功能》，紐約，1967年，第11頁。

39.布希亞：《生產之鏡》，第74-75頁。

40.同上，第121頁。

41.同上，第127頁。

42.同上，第122頁。

43.同上，第147頁。

44.同上，第121頁。

45.同上，第142頁。

46.同上，第134-135頁。

第三章
後現代的理論圖景

　　以新理論、新術語不斷修改和更新自己
的學術面貌，同時向自己的理論同行不斷發
起挑戰以爭奪話語霸權，實際上已經成爲戰
後法國學術思想界非常引人注目的一種消費
圖景，在這一陣地中獲取精神滋養的布希亞
也不例外，他於1977年寫成的〈忘掉傅柯〉
一文就是一個明證。[1]也許，在法國知識界，
不求聞達的恬淡之風原本就被看作是一種缺
憾，只有透過不斷的挑戰才能達到「造勢」
的效果；〈忘掉傅柯〉可以被看作是布希亞
向傅柯的「探盤」之舉，目的顯然是不想讓
當時業已取得話語霸權的傅柯專美，儘管這
樣做有可能造成自己與傅柯的「交惡」。而從
實際的「效果歷史」來看。〈忘掉傅柯〉的
發表，也確實使布希亞本人日益爲士林所
重。不惟如此，從70年代中後期開始，布希
亞在向他的法國同行發起挑戰的同時，也向
自己的早期理論提出了挑戰，亦即向自己的
消費社會批判理論提出了挑戰，從而逐漸從
符號政治經濟學批判理論走向激進的後現代

主義理論。這種轉變，主要體現在1976年出版的布希亞最有影響力的代表作《象徵交往與死亡》以及於1981年出版的《擬像與仿真》兩部著作之中。

第一節　「仿真」的發生

如前所說，作為戰後法國學術重鎮的符號學思想，在布希亞的著述中占有重要的位置。從論述的角度來看，布希亞在其《象徵交往與死亡》一書中仍然承續著其早期思想的主要話題來展開論述。如同《消費社會》、《符號政治經濟學批判》以及《生產之鏡》一樣，布希亞在此一如既往地強調了索緒爾的語言學與毛斯的禮物交換理論的重要性，認為這兩種學說要遠比馬克思主義和佛洛伊德的心理分析學（布氏分別稱之為政治經濟學和力必多經濟學）具有徹底性，因為他們超

越了價值、規律、壓抑和潛意識等等話語。
布希亞在《象徵交往與死亡》一書中指出：
「毛斯所開闢的可逆轉性原則（回贈禮物）的
道路必須運用於所有的經濟、心理和結構的
闡釋……唯一一種形式無往而不在地支配著
每一個領域：這種形式即可逆轉性和循環往
復性，它終結了線性的時間觀、語言觀、經
濟交往觀、積累觀和權力觀。從此，禮物在
回贈中逆轉，交換在奉獻中逆轉，時間在循
環中逆轉，生產在毀除中逆轉，生命在死亡
中逆轉，語言的每一個項和值在變位中逆
轉，這種可逆轉的形式正是象徵本身的形
式。」[2]

　　然而，如果以此認定布希亞仍然試圖循
著他早期的思想道路走下去，試圖繼續構建
其未及系統闡發的符號政治經濟學批判的理
論大廈，就會產生一種「誤讀」；而《象徵
交往與死亡》一書的開首第一句：「象徵交
往（symbolic exchange）不再是現代社會的
組織原則」，則一方面使我們迴避了一種可能

性的「誤讀」，另一方面也昭示出，布希亞從
此開始要作出一種新的努力，爲整個社會的
發展和變化提供一種新的理論話語：

> 如今整個系統充滿了不確定性，每一種
> 現實都被包容到「符碼」（code）和「仿
> 真」（simulation）的「超現實」
> （hyperreality）之中。而今主宰我們的是
> 「仿真」原則而不是過時的現實性原則。
> 我們所賴以爲生的這些形式不再有任何
> 終極性可言。不再有意識形態，只有
> 「擬像」（simulacra）。
> 因此我們必須重構價值規律及其「擬像」
> 的整個系譜，以便把捉當下系統的霸權
> 和魅力。這是價值的一種結構性變革。[3]

在布希亞看來，索緒爾區分了語言的結
構要素與功能要素，這是結構主義符號學的
主要理論貢獻。以作爲「符號」的一枚硬幣
爲例：它既可以與等值的一種眞實的物品相
交換，又可以與整個貨幣系統中其他所有的

等值貨幣相交換。而如今，語言的功能要
素、「符號」與所謂真實的物品相交換的功
能已經消失，所有那些有關生產、效果、實
質和歷史的指稱系統，所有那些與所謂的
「真實」內容相等同的指稱系統已經消失：
「如今出現了另一種價值階段，這是一種徹底
的相關性，一種普遍的交往、結合與『仿真』
──而所謂的『仿真』，是指從現在開始出現
了『符號』之間的交換，而不是『符號』與
『實在』之間的交換……這是『符號』的解
放：它擺脫了必須指稱某物的『古老』律
令，最終成了自由的、中立的和完全不確定
的，進入到一種結構或連接性的遊戲之中，
從而超越了以往確定的等同律。在勞動力和
生產過程的層面上也出現了同樣的情況：生
產喪失了任何目標，從而成為一種『符碼』，
諸如貨幣符號之類的東西則成為無窮無盡的
投機，不再指稱任何真實的生產或金本位
制。……索緒爾和馬克思……都仍然處在
『符號』和『實在』辯證法的黃金時代，因而

同時也就是處在資本和價值的『古典』時代。……確定性已經消亡，不確定性走遍天下。真的生產和真的指稱已經終結（就該詞的字面意義而言）。」[4]

　　總而言之，索緒爾意義上的「符號」的功能性要素已不復存在，「符號」的結構性要素成為它的唯一要素，布氏所說的「符碼」便是這種結構性價值規律。古典的價值規律把確定指稱的等同性規律看作是主宰每個領域（比如說語言、生產等領域）的主導規律，而布希亞從「符碼」和「仿真」概念出發的結構性價值規律則意味著每一個領域相互關聯過程中的不確定性，這一變化過程實際上也就是從「符號」的確定性向「符碼」的不確定性轉變的過程。這一轉變過程導致了生產的終結、政治經濟學的終結、「表象」的終結以及「符號」的終結，「而隨著『符碼』的出現，所有這些都淪為『仿真』。嚴格說來，『古典』政治經濟學和符號政治經濟學都不再存在了」。[5]

於是，布希亞以一片「終結」之聲作出
結論說：

> 勞動終結了。生產終結了。政治經濟學
> 終結了。促成知識積累和意義積累的能
> 指——所指辯證法以及累積性話語的線
> 性句法終結了。與此同時，唯一使積累
> 和社會生產成為可能的交換價值——使
> 用價值的辯證法終結了。話語的線性向
> 度終結了。商品的線性向度終結了。
> 「符號」的古典時代終結了。生產的時代
> 終結了。[6]

而造成所有這一切終結的並不是傳統意
義上所謂的大寫的「革命」或者「生產方式
的革命」，真正造成這種變革的根本力量是當
今在全球不斷加速流通的國際「資本」：
「資本自身消除了以生產方式為依據的社會確
定性，以價值的結構形式代替了價值的商品
形式，進而控制了當下系統策略的各個方
面。」[7]而在一個由國際「資本」占主導地位

的時代，不再有占據主導地位的階級或其他相關的力量，也不再會出現暴力革命──即使說有「暴力」存在的話，那也只是跨國「資本」的「暴力」，跨國「資本」不費一槍一彈就成爲統攝整個世界的「符碼」，超越了生產、階級、工業、貿易、金融等等所有話語。

與此相應，在一個從生產「方式」（mode）轉變到生產「符碼」（code）的「資本」時代，貨幣也從一種指稱符號轉變爲一種結構形式。針對人們用「熱錢」（hot money）這一術語來說明歐元這一貨幣符號的流通，布希亞認爲，所謂的「熱」仍然是指稱符號階段的產物，蘊涵著現實中「能指」與「所指」的透明對等性；布氏進而挪用加拿大著名社會學家麥克魯漢（Marshall Mcluhan）在《理解訊息》（1964年）一書中提出的「熱媒體」與「冷媒體」思想中的術語，把當今的時代稱爲符號的「冷酷」（cool）時代：「我們正處在『符號』的冷酷時代之中。當下的

勞動系統是冷酷的，總而言之，所有結構性
關聯都是冷酷的……冷酷是話語價值和書寫
交換價值的純粹遊戲。這是當下只同『符
碼』、『符號』和語詞打交道，可操作性的
『仿真』無往而不利所造成的懶散和冷漠的情
形。……我們進入到一個冷酷的時代，傳媒
成為訊息本身。而這也恰恰正是貨幣的情
形。一旦出現了某種斷裂，貨幣便不再是一
種媒體或商品流通的手段，它就是流通本
身，也就是說，它是系統不斷抽象化所造成
的結果。」[8]

　　跨國「資本」占主導地位時代的同時就
是消除了各種差異的中立化時代，在其中，
以往所有相互對立的東西都可以互換了，
「我們隨時隨地都可以看到同樣的『擬像始
源』：時尚中美與醜的互換，政治中左派與
右派的互換，所有傳媒訊息中真與假的互
換，物品的有用性與無用性的互換，指稱層
面上自然與文化的互換。我們的意象系統和
符號系統消除了所有偉大的人文主義價值標

準以及道德、審美和實踐判斷的全部文明。
一切都捉摸不定，這是『符碼』主宰的顯著
效果，它無往而不在地依賴於中立化和無差
別性原則。這是一個普泛化的資本妓院，它
不是爲了賣淫，而是爲了替代和兌換。」[9]

　　平心而論，布希亞雖然使用了從「確定
性」到「不確定性」、從「熱」到「冷
(酷)」、從「生產方式」到「符碼」、從「生
產」(production) 到「再生產」或「複製」
(reproduction)、從「意識形態」到「擬
像」、從「符號」到「仿眞」等等一系列轉變
來概述當今社會的發展和變化，但其中的核
心概念還是「仿眞」和「擬像」。雖然其初試
啼聲之作 (比如說《符號政治經濟學批判》
和《生產之鏡》) 也曾經使用過相同或相似的
概念，但只是從《象徵交往與死亡》一書開
始，布希亞才逐漸明確地遠離政治經濟學及
其批判的相關話題，並且圍繞「仿眞」和
「擬像」這兩個核心概念來建立一套相對完善
的理論構架。

　　從詞源學的角度來看，「仿眞」
（simulation）一詞出自它的拉丁字源
simulo，有「模仿」、「臨摹」、「冒充」、
「仿造」、「僞稱」、「假裝」等涵義。[10]然而
從字面上來看，「模仿」、「臨摹」、「冒
充」、「仿造」、「僞稱」、「假裝」等詞仍然
蘊涵著對「原型」或「原像」的「模」與
「仿」，這種「模」與「仿」不一定要同「原
型」或「原像」一「模」一「樣」，但「原型」
或「原像」卻是存在著的、不可或缺的，否
則就會遁入「無物之陳」的困境；而「仿眞」
一詞到了布希亞那裡，則獲得了與上述的
「模」和「仿」完全不同的蘊涵，從布氏結合
「擬像」一詞談「仿眞」的有關論述中，我們
可以更明瞭地看清這種區別。

　　布希亞認爲，粗泛而論，人類歷史上曾
經出現了三種不同級別的「擬像」：第一種
級別的「擬像」是倫理學和形而上學關於人
與自然的理論以及類似的指稱系統；第二種
級別的「擬像」是政治經濟學和心理分析學

的理論，這些理論所探討的商品、辯證法、歷史、階級、潛意識、壓抑、慾望等等都是一些「虛幻的指稱、木偶化的指稱和『仿眞』的指稱」；而第三種「擬像」則是一種無物之指稱。要超越第三種「擬像」，則只能走向「符碼」的中斷，走向死亡。[11]

　　在其它的段落中，布希亞以更爲簡潔明瞭的方式概括了同「擬像」相關的人類歷史的三個發展階段：

　　「擬像」有三個序列，分別對應於自文藝復興以來價值規律的相繼變化階段：
　　——「仿造」（counterfeit）是從文藝復興到工業革命這一「古典」時代的主導構架；
　　——「生產」是工業時代的主導構架；
　　——「仿眞」是當下「符碼」控制時代的主導構架。
　　第一序列的「擬像」遵循自然價值規律，第二序列的「擬像」遵循市場價值

規律，第三序列的「擬像」遵循結構價
值規律。[12]

這種歷史分期法，實際上是一種「符號
觀念論」的歷史觀。

布希亞認為，在古代種姓社會和封建社
會，「仿造」是不可能出現的，因為絕對的
等級制嚴格限制了階層的變動和「符號」的
流通，從人們的服飾和外表上就能夠看出他
的身分和地位，「符號」實際上成為一種帶
有神秘色彩的禁忌。隨著文藝復興運動的出
現，世界已經不再具有任何神秘色彩，已經
「祛魔化」，從而成為公共的指稱對象，而
「符號」的「能指」與「所指」之間也具有了
透明性和任意性，「仿造」也就具有了可
能，這種「仿造」仍然被看作是對真實的
「仿造」，是對自然的指稱，是一種關於「實
在」的形而上學。而隨著自動化生產和大機
器的出現，形成了第二序列的「擬像」；如
果說第一序列的「擬像」仍然沒有消除差

異，仍然包含著「擬像」與「實在」之間的抗爭的話，那麼，以勞動、機器和整個工業生產系統為核心的第二序列的「擬像」則消除了「表像」、「實在」、相似性等等概念，僅僅以演算原則為唯一的邏輯。這種「擬像」不再是「原型」與其「仿造物」之間的相似、反射或鏡像的關係，而是物與物之間相互等同與無差別的關係，這種關係使得大規模的機器生產或機械複製成為可能。而第三序列的「擬像」則同「模型」（model）或「模擬」相關。布希亞認為：「班雅明在《機械複製時代的藝術作品》中最早探究出複製原則的本質內涵。他指出，複製包容了生產過程，改變了生產的目的，從而改變了生產與生產者的地位。他是從藝術、電影和攝影領域發現這一點的，因為在20世紀，這些領域展開了一片新的天地，它們不再遵循生產性這一『古典』傳統，而是從一開始就處在複製的符號之下。今天我們瞭解，所有物質性生產都出現了相同的情形。如今我們知

道，在複製的層面上（時尚、傳媒、廣告、
訊息和傳播網絡），……也就是在擬像和符碼
的領域已經形成了整個資本進程的統一性。
班雅明同樣最先（麥克魯漢緊隨其後）把技
術看作是一種媒介而不是一種『生產力』（這
一點是馬克思的學說所未能認識到的），看作
是一整套全新意義的形式和原則。……班雅
明和麥克魯漢顯然要比馬克思看得更清楚，
在他們看來，真正的訊息，真正的根源在於
複製本身。生產本身不再有任何意義：它在
整個系列中喪失了自身的社會目標。『擬像』
遍及歷史。」[13]班雅明在批判現代資本主義
大機器大規模的生產過程中所提出的「複製」
概念，對布希亞產生了很大的啟發，以致使
他高呼：「複製萬歲！」

> 如今，所有的產品，包括勞動在內，都
> 超越了有用和無用的區分。不再有生產
> 性勞動，只有複製性勞動。同樣，不再
> 有「生產性」消費或「非生產性」消

費，而只有複製性消費。休閒同勞動一
樣都是生產性的，工廠勞動同休閒或服
務性產業一樣都是「非生產性」的，隨
便我們怎麼說都可以。這種無差別恰恰
標誌著政治經濟學的終結。每一個人都
是複製性的；也就是說，每一個人都喪
失了具體的目標，這種目標曾經使之區
別於其他人。沒有人在生產著什麼。生
產已經死亡，複製萬歲！[14]

然而，高呼「複製萬歲」的布希亞仍然
沒有忘記他的「批判」和「發展」的任務，
在他看來，班雅明和麥克魯漢只是處在從機
械複製走向「仿眞」的途中，只是觸及「仿
眞」的邊緣，尚未能眞正抵達「仿眞」的核
心。而前述他所提出的所謂第三序列的「擬
像」則同「仿眞」緊密相關。如果說第一序
列的「擬像」是對「原型」的「仿造」、第二
序列的「擬像」是機械複製的純粹系列關係
的話，那麼第三序列的「擬像」則要比機械

複製的「擬像」更進一步，它同「模擬」相關，是生物基因學、仿生學、全息理論、計算機模擬等等當代最新的各種高科技手段所帶來的「仿真」。在第三序列「擬像」的「仿真」時代，出現了一種「符碼的形而上學」。在布希亞看來，現在已經出現了「控制論的主宰、模型化生產、差異化變調、反饋、問——答等等：這是一種全新的演算構架……數碼化是它的形而上學原則，DNA是它的預言家。」[15]由於「仿真」時代的到來，便出現了從資本主義的生產性社會向全新的控制論社會的轉變，「上帝」、「人類」、「進步」乃至「歷史」等等大詞都相繼讓位於「符碼」和「仿真」。與此同時，這也是一個「超現實」（hyperreality）占據主導地位的時代：「由於消除了現實與想像之間的對立，『超現實』便代表著一個更為高級的階段。」「『現實』這一概念恰恰表明，提供一個對等的複製是完全可能的。現代科學便倡導在特定的條件下精確地複製一個過程，這是倡導普遍對等

原則的一種工業理性……隨著這種可複製性
進程的終結，現實不再僅僅是能夠被複製的
東西，而是已經被複製出來的東西：即『超
現實』。」「如今每時每刻，政治、社會、歷
史、經濟等等，所有現實都已經包容了『仿
真』的『超現實』向度，因此，我們如今完
全生活在現實的『審美』幻覺之中。」[16]

　　從上述可以看出，布希亞所說的「仿真」
時代，是生物基因學、仿生學、全息理論、
計算機模擬等等當代最新高科技手段所造成
的一個時代，如果說從啓蒙運動和工業革命
以來，「現代性似乎確立了一種線性的技術
進步觀、線性的生產觀和歷史觀」[17]，「現
代性」意味著資本主義的工業化生產占據主
導地位，那麼，「仿真」的時代實際上就是
一個「後現代性」的時代，在這個時代，
「符碼」、「擬像」、「仿真」的模式形塑著社
會經驗，成爲社會經驗的主要決定因素。就
像語言包含了「符碼」和「模型」以後便決
定了我們的交流方式、我們的身體細胞包含

了DNA遺傳基因「符碼」便決定了我們的經驗方式和行為方式一樣，社會包含了社會組織的「符碼」便決定了人類生活的環境。這顯然是布希亞站在「符碼決定論」和「技術決定論」的基礎上所得出的一個結論。

第二節 「象」的系譜

讀者進入布希亞的文本系統，在深感其論題的變化多端之時，也會明顯地看出布希亞根本不是一個傳統意義上的「體系思想家」，因而對能否用「體系」一詞來指稱其文本便頗感躊躇。事實上，與那些「體系思想家」完全不同，布希亞似乎從來就不曾有過對自己思想中的主要概念加以系統論述和明晰界定的打算，他的「符碼」、「仿真」、「擬像」、「超現實」等等概念（沒有明確加以界定的術語能否算得上「概念」?）看上去

就是一種「互文」，只是在相互的指涉和纏繞
之中才能突顯各自的涵義。因此，試圖從布
希亞的文本中看出其主要術語的有條理的展
開就是一種徒勞。

　　儘管如此，當布希亞說「『仿眞』不再
是有關限度、指涉性存在或實體的『仿眞』。
它是種種沒有根源或現實的眞模型的產物：
一種超現實」[18]之時，當布希亞不遺餘力地
將自己的基本術語同西方傳統的一般概念加
以區別之時，我們仍然可以看出布希亞與西
方思想發展的基本脈絡的某種關聯。

　　西方思想發展史，曾經被許多哲學家看
作是一部把「存在」當作「實體」的「形而
上學」史。按照海德格的說法，西方形而上
學的根本謬誤，在於把「存在」問題變成了
「存在物的存在」問題，即把「存在物」僅僅
作爲「存在物」來加以「表象」，從而形成了
對於現代本質具有決定性意義的兩大進程
——世界成爲「圖像」和人成爲「主體」：

這種對存在者的對象化實現於一種表
象，這種表象的目標是把每個存在者帶
到自身面前來，從而使得計算的人能夠
對存在者感到真實，也即確定。當且僅
當真理已然轉變為表象的確定性之際，
我們才達到了作為研究的科學。最早是
在笛卡耳的形而上學中，存在者被規定
為表象的對象性，真理被規定為表象的
確定性了。笛卡耳的主要著作的標題為
《第一哲學沉思》。第一哲學乃是亞里斯
多德創造的一個名稱，標示著後來被稱
為形而上學的東西。整個現代形而上
學，包括尼采的形而上學，始終保持在
由笛卡耳所開創的存在者闡釋和真理闡
釋的道路上。[19]

在海德格看來，世界作爲「圖像」，是
指世界被人當做「圖像」來加以把握了，因
爲「僅就存在者被具有表象和製造作用的人
擺置而言，存在者才是存在著的」，「存在者

的存在是在存在者之被表象狀態中被尋求和發現的」；而人成爲「主體」，是指人「成爲對象意義上的存在者的表象者」。於是，「現代的基本進程乃是對作爲圖像的世界的征服過程。這裡，『圖像』一詞意味著：表象者的製造之構圖。在這種製造中，人爲一種地位而鬥爭，力求在其中成爲那種給予一切存在者以尺度和準繩的存在者。」[20]

伴隨著對「存在」的實體化，西方思想出現了「存在」的「人道化」。海德格甚至認爲，這一進程在柏拉圖那裡實際上就已經開始，因爲柏拉圖把人類心靈所領受的事物的永恆形式亦即「理念」看作是最眞實的存在了，而笛卡耳和通常意義上的現代思想只不過是以更爲激進的方式來展現早期形而上學所預設的東西。由於把世界當做被「表象」的「圖像」，把人當做「表象」者的「主體」，西方思想史從一開始就出現了一種遮蔽、忽視和遺忘：「西方思想史的開端與其起源不同，這種開端是一種遮蔽——事實上

是一種無可逃避的遮蔽……起源自身便掩藏
於這種開端之中。」[21]歸根結底，這種「遮
蔽」、「忽視」、「遺忘」或「掩藏」，就是把
「象」（「現象」、「表象」）當做「是」、
「有」、「在」或「存在」，把「現象」當做了
「現之象」而非「象之現」，把「表象」當做
了「表之象」而非「象之表」，從而造成了
「誤指爲月」的謬誤與迷失。海德格爲擺脫這
一困境所提供的藥方，就是強調「存在」是
一種「揭示的事件」和「開放的狀態」，強調
「象之現」的敞開過程，強調「此在」是使
「存在」的「揭示」得以發生的「場所」和
「澄明之境」。

對西方傳統的形而上學加以反叛，事實
上已經成爲20世紀西方的一種主潮思想，包
括布希亞及其同行在內的當代法國思想家也
不例外。在布希亞看來，西方所有的信仰和
善意都把賭注押在「表象」之上，「符號」
可以指稱深層意義，「符號」可以與意義互
換，而某種東西——當然是「上帝」——能

夠確保這種互換的合理性與合法性。然而，
布希亞問道：「如果上帝本身也可以被『仿
真』，也就是說，如果上帝本身也是構成信仰
的符號，那麼情形又會怎樣呢？那麼整個系
統就會毫無意義，它僅僅成了一個巨大的
『擬像』──不再是非真實的，而是一個『擬
像』，也就是說，它不再同實在互換，而只同
自身互換，這是一種沒有指稱和邊界的不間
斷的循環。」[22]

　　對於早期十分親近德國思想、但「也讀
過海德格的著作，卻只是泛泛而讀」[23]的布
希亞而言，海德格對西方傳統形而上學的摧
毀很難說產生過什麼重要的影響。然而，布
希亞對西方傳統形而上學「表象性思維」的
摧毀同樣是激烈的、不遺餘力的。布希亞宣
稱：「所有的形而上學都已消失。不再有存
在和現象的鏡像，實在和概念的鏡像。不再
有想像性的共同時空：基因縮微是『仿真』
的蘊涵。『實在』是從縮微的細胞、母體、
記憶儲存庫和可控制的模型中製造出來的

——這種複製可以無數次地進行。……事實上，它不再是一種『實在』，因為不再有想像性的東西環繞著它。這是一種『超現實』，是沒有氛圍的超空間中相互連接的模型不斷綜合的結果。」[24]

布希亞在《擬像與仿眞》一書中對「擬像」和「仿眞」這兩個核心概念的闡述，更加詳盡地推進了他在《象徵交往與死亡》一書中的思想。在布希亞看來，「仿眞」「恰恰與『表象』相對立。『表象』來源於『符號』與『實在』的等同性原則（即使這種等同性是虛幻的，是一種基本的公理）。與此相反，『仿眞』剛來源於等同性原則的虛幻之境，來源於對作為價值的『符號』的徹底否定，來源於對每一種指稱加以顛覆和宣判死刑的那種『符號』。『表象』把『仿眞』看作是虛假的『表象』，以此試圖把『仿眞』包容在自身之中，而『仿眞』則把整個『表象』的巨廈作為『擬像』加以包容。」[25]

於是，為了去「表象」之「執」，布希

亞提出了其著名的「象四階段說」：

> 「象」（image）經歷了下述的連續發展階
> 段：它是基本現實的反映；它遮蔽並顛
> 倒了基本現實；它遮蔽了基本現實的
> 「不在場」；它與任何現實都沒有關係：
> 它純粹是自身的「擬像」。
> 在第一階段，「象」是一個善的顯象
> ——「表象」即是聖體的秩序。在第二
> 階段，「象」是一個惡的顯象——這是
> 惡意的秩序。在第三階段，「象」假裝
> 是一種顯象——這是魔法的秩序。在第
> 四階段，它不再是顯象的秩序，而是
> 「仿真」的秩序。
> 從「符號」掩飾某物到「符號」掩飾無
> 物，這是一個決定性的轉折點。前者是
> 有關真理和奧秘之神學的反映（意識形
> 態觀念便仍然從屬於此）。後者則開創了
> 一個「擬像」與「仿真」的時代，這個
> 時代不再有什麼上帝來認可自身，也不

　　再有什麼最終審判能區分真偽、區分真
的復活和假的復活，因為一切都已經消
亡並且事先復活了。[26]

　　如果以「象」與「是」、「在」或「有」
的基本關係來考察這四個階段，則可以重新
表述為：

　　「象」反映了「是」──這是聖體的秩
序。比如說「聖餅」是「聖體」的反映；

　　「象」遮蔽並顛倒了「是」──這是惡
意的秩序。比如說「資本主義」遮蔽並顛倒
了「人的本質」或「類本質」，「意識形態」
是「虛假意識」；

　　「象」遮蔽了「是」的「不在場」──
這是魔法的秩序。比如說「教會的存在」遮
蔽了「上帝」的「不在場」，所以有尼采的
「上帝死了」的宣言，「文本的存在」遮蔽了
「作者」的「不在場」，所以有巴爾特的「作
者死了」的宣言。

　　「象」與「是」毫無關係──這是「仿

真」的秩序，在這種秩序中，已經不再是
「以假亂真」的問題，而完全是「真僞莫辨」
的「擬像」了。

　　事實上，我國讀者對「擬像」一詞的接
受，最早恐怕當數美國杜克大學教授詹明信
[27] 1985年來華所作的那次演講。按照詹明信
的解釋，「摹本」（copy）和「擬像」
（simulacrum）根本不同：之所以有「摹
本」，就是因爲有原作，「摹本」就是對原作
的摹仿，而且永遠被標記爲「摹本」，原作具
有眞正的價值，是「實在」，而「摹本」的價
值只是從屬性的，只是幫助人們獲得眞實
感；而「擬像」則是指那些沒有原本的東西
的摹本，比如說T型汽車，其數百萬輛自始
至終都是一模一樣的，在工業生產中具有完
全相同的價值，因而其原本反而顯得不那麼
重要了。因此詹明信認爲，「擬像」的這種
把現實轉化爲影像的特點，是後現代主義的
主要特徵之一，[28]並且認爲：「擬像」一詞
是法國人首先使用的。[29]而這最早使用「擬

像」一詞的法國人當中，就主要包括了詹明
信經常提及並對之深有領會的布希亞。

　　「象」與「是」毫無關聯，「象」純粹
成了「擬像」，於是布希亞說，我們完全處在
了一種「仿真的邏輯」之中：

　　　　我們處在「仿真的邏輯」之中，這種邏
　　　輯不再同「事實的邏輯」以及「理性的
　　　秩序」有任何關聯。「仿真」的特徵就
　　　是模型先行，所有的模型都以這個事實
　　　為基礎──模型最先出現，其循環就像
　　　炸彈的軌道那樣，構成了事件的真正的
　　　引力場。事實不再有特定的軌道，它們
　　　誕生於諸模型的交互作用中，而單一的
　　　事實可以同時從所有的模型之中產生。
　　　這是種種設想、先行、短路以及事實與
　　　其模型之間的混同（不再有意義的分
　　　歧、辯證的對立或排斥的電極，而是相
　　　互對立的極端之間的內爆），它們每一次
　　　都認可了所有可能的甚至是最為牴牾的

詮釋──所有的詮釋都是真的，因為它們可以依據作為其本源的模型的象、以一種普遍循環的方式加以交換。[30]

　　布希亞還以美國的迪士尼樂園作為「仿真」和「超現實」的主要案例之一，因為迪士尼樂園作為一種「仿真」和「超現實」，其中的未來世界、美國邊疆等想像性空間要比現實更真實，而整個美國如今也越來越像迪士尼樂園。[31]

　　在一個由「符碼」、「擬像」、「仿真」和「超現實」占據主導地位的時代，城市的面貌也發生了根本的變化：「城市曾經首要地是生產以及商品實現的場所，是工業集中化和剝削的場所。如今城市的首要地是符號實現的場所」，「城市不再像19世紀那樣是政治──工業的場所，而是『符號』、傳媒和『符碼』的場所」。「生產、商品和勞動力的時代僅僅意味著包括剝削在內的所有社會進程的相互依賴性，這種社會化某種程度上是

由資本自身所實現的，而馬克思的革命性觀
點便以這種社會化爲基礎。但這種歷史基石
（無論是工廠、區域還是階級）都已消失殆
盡。如今，在電視和汽車的符號之下，在媒
體和城市的大街小巷無處不有的行爲模式的
『符號』之下，它們既是分離的又是毫無差別
的。每一個人都趨騖於狂熱地追隨時髦的模
式、大合唱式的『仿眞』模式。」³² 1972年
春紐約上千名青年人手拿鉛筆和顏料在地
鐵、公共汽車、電梯、紀念碑等城市大街小
巷的各個地方亂塗亂抹，則是「符碼」占主
導地位以及反抗這種「符碼主宰」的一個明
證。在布希亞看來，這種亂塗亂抹同蘇聯占
領期間捷克人給布拉格的街道改名一樣，是
一種「城市游擊隊的行動」，它不一定有自己
的組織和明確的政治意圖，其深層的意識形
態不是在政治「所指」的層面上起作用，而
是在「能指」的層面上起作用。

　　從上述可以看出，布希亞在運用「符
碼」、「擬像」、「仿眞」、「超現實」等等概

念或術語來描述他的後現代圖景時，大量借
用了仿生學、遺傳學、訊息論、控制論、數
碼、黑洞、熵、DNA等等科學理論和術語，
從而使其理論看上去彷彿是一種「科幻社會
理論」（凱爾納語）。正因此，以揭露後現代
主義妄用科學術語之弊而蜚聲當今國際學術
界的美國科學家索卡（Alan Sokal）在其
《短識的騙局》（*Fashionable Nonsenes*）一書
中，便也把布希亞作為其所大力加以討伐的
後現代主義者之一。

第三節　「傳媒恐懼論」

　　應當看到，在80年代，布希亞之所以被
看作是「後現代主義的大祭司」和後現代主
義話語陣地的熱門理論家，很大程度上在於
他從生物基因學、仿生學、全息理論、計算
機模擬等當代最新高科技手段所造成的時代

境況出發，勾勒了由「符碼」、「擬像」、「仿真」所構成的全新的經驗領域以及全新的歷史階段和社會類型。李歐塔曾經認為，後現代社會的一個顯著特徵，就是科學知識作為一種話語，大大改變了知識的地位和世界的圖景。[33]循此說法，布希亞從消費、訊息、傳媒和技術的角度所描述的世界就是一個典型的後現代世界，或者說，一個布希亞的世界就是由「符碼」和「超現實」、「仿真」與「擬像」、傳媒與訊息、科學與新技術共同構成的一個後現代世界。

　　在布希亞的這個世界中，當代大眾傳媒起著極其重要的作用，對傳媒在當代社會中的影響和作用加以考察，事實上已經成為布希亞後現代理論的一個重要理論特徵。在他看來，當代大眾傳媒已經深刻改變了我們的私人生活空間和社會生活空間，並且極大地改變了當今的經濟、政治、文化和社會形態。這一重要理論特徵很大程度上源於布希亞對加拿大著名社會學家麥克魯漢本人及其

理論的相熟相知。麥克魯漢於1964年推出了
他的扛鼎之作《理解傳媒》，對當代大眾傳媒
在全球迅速傳播所帶來的一系列後果作了深
入探討，認爲這種傳播已經造成了一種全球
化的普遍經驗與普遍意識，促成了一個「地
球村」的到來。而麥氏的理論大行其道之
日，也正是布希亞在學術之道剛剛上路之
時。事實上，早在1967年，布希亞就爲麥克
魯漢的《理解傳媒》一書撰寫了一篇書評，
從中可以看出麥氏的「傳媒就是資訊」、「熱
媒體」與「冷媒體」等等論斷對布希亞產生
了深遠的影響。其後，布希亞每每推出一部
著作，幾乎都對當代大眾傳媒作出考察和論
述，都把當代大眾傳媒看作是促成後現代性
和後現代社會的一種重要力量。

　　在種種形式的當代大眾傳媒手段中，電
視的出現尤其被布希亞看作是傳媒的一種主
要的「仿眞」機器以及後現代性社會的一個
重要因素，因爲電視促成了「符碼」和「擬
像」在社會生活尤其是日常生活中的迅速傳

播。人們只要打開電視就能在家中接受和感知現實，而無須像過去那樣走出家門投入到社會生活之中去感受現實。包括電視在內的當代大眾傳媒手段對「象」、「符號」和「符碼」加以複製，從而共同形塑和支持了一種「超現實」。如果說以往人們還能把傳媒看作是現實的「鏡像」、「反映」或「表象」的話，那麼，如今傳媒所製造出的「超現實」，則要顯得比「現實」更「真實」，因為所謂的「現實」本身就是來源於一種「表象」。布希亞直接挪用了麥克魯漢《理解傳媒》一書中的一個主要術語：「內爆」（implosion），並且提出了「意義在傳媒中的內爆」、「社會在大眾中的內爆」等命題。在〈意義在傳媒中的內爆〉一文中，布希亞指出，傳媒中的「符號」和訊息由於把自身的內容加以去除和消解，從而導致了意義的喪失，當代大眾傳媒導致了傳媒資訊和現實之間不再有什麼區別。當代社會雖然充滿了傳媒資訊，然而訊息和意義卻「內爆」為毫無意義的「噪音」，

不再有任何內容可言：

> 訊息直接摧毀了意義和指稱，或者使之
> 無效。意義的喪失直接與訊息、傳媒以
> 及大眾傳媒的消解和去除活動有關……
> 訊息吞噬了自身的內容；它吞噬了交流
> 和社會……訊息把意義和社會分解為一
> 種含混不清的狀態，它根本不是帶來過
> 度的革新，相反，卻是走向了絕對的
> 熵。[34]

　　對於麥克魯漢所最先提出的「傳媒就是
資訊」的斷言和所謂「內爆」的說法，布希
亞從後現代的情境出發作了進一步的發展：

> 「傳媒就是資訊」不僅意味著資訊的終
> 結，而且意味著傳媒的終結。不再有字
> 面意義上的「傳媒」（我首先指的是大眾
> 電子傳媒）——也就是說，不再有在現
> 實之間和現實的狀態之間發生作用的力
> 量——從內容和形式上講都是如此。嚴

格而言，這正是「內爆」的涵義：一極
被包容到另一極之中，每一個意義區分
系統的對極之間都出現了短路，術語和
不同的對立面被消除了，傳媒和形式也
隨之被消除了……必須徹底地看清這種
危急的但又是原初的情境；這是我們所
唯一面對的情境。設想內容或形式上的
革命是無用的，因為傳媒和現實如今處
在一種含混不清的狀態之中，其真實性
本身就是難以理解的。[35]

　　在布希亞看來，當代社會中的讀者、聽
眾、觀眾或者社會學意義上的受眾和大眾實
際上是由大眾傳媒所造就的，因為大眾傳媒
把人們的思想觀念和日常經驗加以一體化，
從而強化了大眾化、一體化的進程。另一方
面，大眾接收了各種各樣的傳媒內容，拒斥
和消除了其中的意義，而只是要求獲得其中
的娛樂性場面，從而進一步消除了傳媒資訊
與現實之間的界限。在此意義上可以說，當

代大眾傳媒已經在大眾中「內爆」了，因爲
我們不再能夠知道傳媒究竟能夠對大眾產生
什麼作用，也不知道大眾是如何參與到傳媒
之中的。就此而言，大眾傳媒迎合著大眾的
心理，透過娛樂性的「狂歡文化」場面「複
製」著大眾的口味、興趣、幻想和生活方
式，從而使大眾的意識與傳媒之間也出現了
「內爆」。因此，傳媒的操縱實際上是從外部
強加了大眾的意識。

　　在《象徵交往與死亡》一書中，布希亞
追隨班雅明在《機械複製時代的藝術作品》
中對電視藝術表演的分析，認爲當代大眾傳
媒在傳播資訊的過程中，對每一個形象、每
一種訊息以及周遭環境都事先加以檢驗和挑
選：「物品和訊息都已經是攝影機鏡頭選擇
和一系列編輯的結果，它們是已經經過檢驗
了的『現實』，並且只會提出那些業已回答了
的問題」。「事實上，主宰整個指稱過程的是
媒體，亦即編輯、剪輯、質疑、誘惑以及媒
體規則等方式」。傳媒的此種運作方式對政治

領域也產生了深刻的影響，因爲在「仿眞」的時代，所謂「公眾意見」也只不過是編輯、剪輯和操縱的結果：「在整個19世紀和20世紀，政治實踐和經濟實踐日益淪爲同一種話語類型；……經濟與政治之間的這種語言性趨同或多或少是我們的社會的標誌，即『政治經濟學』已經完全實現。同樣，我們也可以說『政治經濟學』已經終結，因爲這兩個領域在另一種現實或曰媒體『超現實』之中消失了。」[36]總之，當代大眾傳媒運作出「現實」的過程，極類似於布希亞經常引用的莊子所說的「庖丁解牛」的過程，[37]在此過程中，政治與娛樂之間、資本與勞動之間、高級文化與低級文化之間所出現的種種「內爆」，使得「社會」最終在大眾之中「內爆」，而過度的資訊、廣告、意識形態話語、符號和意義則使大眾反感和厭倦。

在《論誘惑》一書中，布希亞挪用了麥克魯漢的「熱」媒體和「冷」媒體的區分，揭示了大眾傳媒是如何吞噬訊息和消除意義

的。在他看來，大眾傳媒把體育比賽、戰
爭、政治動亂、災難等等事件改造爲「冷」
媒體事件。布希亞認爲，電視轉播的體育比
賽與現場的體育比賽之間是有差別的，兩者
不是同一回事，因爲一種是「熱」的比賽，
一種是「冷」的比賽，一種是具有現場感的
競爭和挑戰，另一種則是與選取角度、重
放、閃回等相關的電視場面。在布希亞看
來，如今所有重要的大眾傳媒都已經「冷」
化，因此麥克魯漢所謂的「熱」媒體和「冷」
媒體的區分也已經消失。所有大眾傳媒的資
訊和交流都消除了意義，進而使聽眾和觀眾
處於一種平面化的、單向度的經驗之中，被
動地接收形象或拒斥意義，而不是主動地參
與到意義的流程和生產過程之中。因此，大
眾媒體與神話、形象、歷史、意義或意識形
態的構造毫無關係，最終出現了觀眾是螢
幕、而電視在注視著觀眾的情形。這實際上
是把電視加以了「擬人化」。

　　當代大眾傳媒在形塑大眾的個人經驗和

社會經驗的過程中，直接把大眾塑造為一種
「黑洞」，塑造為一種漠不關心的「沉默的多
數」，他們在接收訊息、資訊的同時便也消除
了它們的意義，從而使「社會」在大眾中
「內爆」，並造成了「社會」的終結：

> 傳媒，所有的傳媒，訊息，所有的訊
> 息，都在兩個方面發揮著作用：就外在
> 而言，它們對社會有所增益，就內在而
> 言，它們消除了社會關係和社會本身。
> 然而，如果說社會既被它的促成力量
> （傳媒、訊息）所摧毀，又被它的產物
> （大眾）所重新接收，那麼就可以看出，
> 社會的定義是空洞的，這一術語往往普
> 遍於每一種話語，如今則不再能夠分析
> 任何東西或意指任何東西。它不僅是空
> 洞無用的，而且，一旦它出現時，便會
> 遮蔽了其它東西。[38]

布希亞還從他的「誘惑」理論出發，把
大眾傳媒看作是一種「冷漠誘惑」的工具。

當人們選擇頻道、選擇傳媒並進入包圍著我
們的傳媒訊息網絡時，我們在自己的頭腦裡
欣賞著光、影、點等所組成的事件，從而借
助傳媒成爲訊息和事件的調節者和控制者，
在此意義上，個體也成了交流網絡中的一個
組成部件，成了傳媒和交流網絡的終端，主
體成了訊息交流網絡樞紐中的客體，傳媒空
間由此消除了外部空間與內部空間、公共空
間與私人空間之間的區分，傳媒就不再是人
的力量的外在化表現和延伸，相反，人本身
成了傳媒系統內的終端，就此而言，人的眼
睛和大腦已經替代了手和其它感覺器官而成
爲人類實踐的主要工具，就像訊息處理已經
替代生產、技術和實踐而成爲人類活動的基
本形式一樣。這顯然是從技術主義立場出發
的一種新的反人道主義。

　　此後，布希亞進一步把傳媒看作是淫穢
的、透明的和狂喜的工具，因爲當代大眾傳
媒把以往屬於私人空間的規則、習俗和隱私
加以外在化和公眾化，不再有任何傳統意義

上的秘密可言，一切都展示在螢幕上和公眾
的視野中。在傳媒社會，內在性、主體性、
意義、隱私和內在生活的時代已經消失，而
淫穢、迷戀、暈眩、瞬間性和透明性的新時
代出現了。

　　布希亞大眾傳媒理論的最引人注目之
處，是他在波斯灣戰爭爆發前後所發表的一
系列離奇怪誕的言論，從而表明他的「傳媒
仿眞論」更大程度上是一種「傳媒恐懼論」。
同他的絕大多數法國同行一樣，布希亞對當
今的社會政治文化生活也表現了極濃厚的興
趣。1991年1月4日，就在多國部隊為避免波
斯灣戰爭的爆發而舉行日內瓦會談前夕，布
希亞在法國著名的《解放報》第二版上發表
文章〈波斯灣戰爭不會發生〉，其語氣之堅定
令人不容置疑。但時隔不久，以「沙漠風暴」
為代號的波斯灣戰爭就大規模地展開了。這
本不足奇怪，因為再專業、再具慧眼的預言
家、分析家都有「走眼」的時候。然而驚世
駭俗的是，面對這場堪稱20世紀末最有影響

力的戰爭，布希亞卻在幾個月後以《波斯灣
戰爭不曾發生》為題出版了一部文集；當德
國《明鏡周刊》的記者問他是否願意到伊拉
克戰場走一走時，布希亞回答說：「我靠虛
像生活。」

　　這種迴避現實的極端態度，曾被德裔美
籍前衛藝術家哈克指責為「很像是神經錯
亂」。[39]但如果進入布希亞的文本系統並「同
情式地理解」他的所謂「仿真邏輯」，我們還
是能夠看出這一態度是其文本系統的題中應
有之義，因為在布希亞看來，波斯灣戰爭之
所以不會發生也不曾發生，在於這場戰爭與
克勞塞維茨意義上的傳統戰爭不同，其所有
的編排變化戰略戰術事先都已被電視記者和
戰略分析家加以預測和演示，包括CBS、
CNN在內的當代大眾傳媒工業已經事先發動
了一場虛擬的戰爭，因此真正的戰爭永遠不
可能發生：「我因此把波斯灣戰爭看作是消
滅戰爭的一個過程，是對事實的一種運作，
而在以往，戰爭則首先是一種具有象徵意味

的決鬥。波斯灣戰爭被複雜的技術手段『實現』了，在缺少事件的意義上，它根本沒有發生。」[40]在〈戰爭的幻象〉一文中，布希亞進一步指出：「問題不在於人們贊成還是反對戰爭，而在於人們贊成還是反對『戰爭的實在性』」，「就像在戰爭上一樣，美國人還要借助傳媒、新聞審查、CNN等在世界輿論的領域發動一場同樣的戰爭」，「在傳媒中過度曝光，便會在記憶中感光不足」（Overexposed to the media, underexposed to memory）。[41]大眾傳媒取消了意義和現實，從而造成了「零度交流」，正是在此意義上，布希亞才否認波斯灣戰爭的現實性。

　　事實上，大眾傳媒對當代社會的公共空間和私人空間所帶來的深刻影響，已經為越來越多的社會學家和思想家所關注；布希亞的法國同行及其主要的批評者、著名社會學家布爾迪厄在《自由交流》一書中便也流露出類似的「傳媒恐懼感」：「你想傳播訊息，但在報界卻得不到任何反應。如果記者

不感興趣，那麼訊息就傳不出去。記者成了
精神活動與公眾之間的屏障或過濾器。尚帕
涅在那本名爲《生產輿論》的書中，大致指
出，遊行的成功與否並不一定在於參加人數
的多少，而是在於記者是否感興趣。我們可
以稍稍誇張地說，50位機靈的遊行者在電視
上成功地露面5分鐘，其政治效果不亞於一場
50萬人的大遊行。」[42]而布希亞的「傳媒恐
懼論」只不過是比布爾迪厄的「稍稍誇張」
來得更爲誇張、更爲極端罷了——布希亞實
際上是打開了「符碼」、「仿眞」和「擬像」
的「潘朵拉之盒」，從而徹底否定了「現實」
與「幻象」之間的區分。與那些旨在維護日
常生活正常狀態的種種話語和觀念相比，布
希亞的理論顯得有些格格不入。事實上，與
諸多法國當代思想家理論家一樣，布希亞在
很大程度上受到了尼采的深刻影響，其話語
中充滿了異想天開的類比、一連串的質疑和
非結構化、非系統化的論述。[43]作爲一個
「極端性的預言家」，布希亞在精神上更加接

近於尼采，他在描述其極具個性的後現代理
論圖景時，論述方式和論述語調上儼然就是
查拉圖斯特拉下山，向世人昭示著這個世界
的最後秘密。而由此所招致的好評如潮與非
難不斷，恰好爲「極端性的預言家」的理論
宿命提供了一個最新的生動案例。

註釋

1. 這篇文章最初是布希亞為法國《批評》雜誌撰寫的一篇書評，但後來被送到傅柯那兒以看看他有什麼反應。在許久沒有得到傅柯的任何反響後，布希亞便將該文以50頁的篇幅予以出版。傅柯當然不開心，並且據說講過這樣的話：「要記住布希亞對我來說似乎更難。」參見D.Eribon著：《權力與反抗──米歇爾‧傅柯傳》，北京大學出版社，1997年，第307頁。

2. 布希亞：《象徵交往與死亡》，倫敦，1993年，第1-2頁。

3. 同上，第2頁。

4. 同上，第7頁。

5. 同上，第8頁。

6. 同上，第8頁。

7. 同上，第8頁。

8. 同上，第22頁。

9.同上，第8-9頁。

10.台灣東吳大學社會學系學者裴元領先生曾對該詞作過較為詳盡的考索，參見其所撰的《非後現代：一種修辭上的嘗試》一文，載《哲學雜誌》第四期，台灣：業強出版社，1993年4月，第68-71頁。

11.參見《象徵交往與死亡》，倫敦，1993年，第3-4頁。

12.同上，第50頁。

13.同上，第55-56頁。

14.同上，第28頁。

15.同上，第57頁。

16.同上，第72-74頁。

17.同上，第89頁。

18.布希亞：《擬像與仿真》，密西根大學出版社，1994年，第1頁。

19.海德格：《林中路》，孫周興譯，上海：譯文出版社，1997年，第83頁。

20.參見同上，第86-91頁。

21.海德格：《何謂思》，哈潑·囉出版公司，

　　1968年，第152頁

22.布希亞：《擬像與仿眞》，第5-6頁。

23.《布希亞訪談錄》，第21頁。

24.布希亞：《擬像與仿眞》，第2頁。

25.同上，第6頁。

26.同上，第6頁。

27.「傑姆遜」今多譯「詹明信」（編按：作者原
　　譯爲「傑姆遜」，爲大陸學界通常譯法，爲考
　　慮台灣本地讀者的閱讀習慣，出版時改爲台
　　灣譯法「詹明信」），固然是某種強勢文化邏
　　輯的產物，同時，這種「互文」爲後現代主
　　義的所謂「能指遊戲」提供了又一個生動的
　　實踐案例。

28.參見《後現代主義與消費社會》一文，載詹
　　明信：《晚期資本主義的文化邏輯》，北京：
　　三聯書店和牛津大學出版社，1997年，第396-
　　419頁。

29.參見詹明信：《後現代主義與文化理論》，陝
　　西：師範大學出版社，1986年，第199頁。

30.布希亞：《擬像與仿眞》，第16-17頁。

31.參見同上，第12-14頁。

32.同上，第77-78頁。

33.參見李歐塔：《後現代狀況：關於知識的報告》，北京：三聯書店，1997年。

34.布希亞：《擬像與仿真》，第79-81頁。

35.同上，第82-83頁。

36.布希亞：《象徵交往與死亡》，第65頁。

37.參見布希亞：《象徵交往與死亡》，第191-121頁；《目的的幻象》，劍橋，1994年，第15頁。

38.布希亞：《在沉默多數的陰影中》，紐約，1983年，第66頁。

39.參見皮埃爾·布爾迪厄、漢斯·哈克：《自由交流》，北京：三聯書店，1996年，第39頁。

40.《布希亞訪談錄》，第185頁。

41.參見布希亞：《戰爭的幻象》，載《目的的幻象》，劍橋，1994年，第63頁。

42.皮埃爾·布爾迪厄、漢斯·哈克：《自由交流》，第22頁。

43.伯龍（Patrice Bollon）1983年在與布希亞進行
訪談時提到：「可以看出尼采一直在你的著
作中出現，尤其是當你試圖不遺餘力地擺脫
西方思想對意義、詮釋和無窮論證的渴望
時，就更是如此。」布希亞對此的回答是：
「確實如此。在不斷地繞過意識形態、激進的
批評、佛洛伊德和馬克思之後，你會看到我
的著作回到了我起步時的那些作家：尼采和
賀德林。」參見《布希亞訪談錄》，第37頁。

第四章
知識分子、大衆與
權力

　　從整體的理論特徵和精神氣質來看，布希亞在很大程度上可以被看作是當今法國思想文化領域的一個「異數」，很難被整個的法國知識界所整合。事實上，布希亞本人也在許多場合多次標榜自己的這種「個性」，宣揚自己「特立獨行」的風格。在1983年的一次訪談中，布希亞認為：

> 我既不是一個哲學家，也不是一個社會學家。我既沒有走上相應的學院派之路，也沒有在合適的學院中工作。我在大學的社會學系教學，但我不認為自己在從事社會學或哲學化事業。理論家？我算是。形而上學家？也許是。道德家？我不甚了了。我的著作從來都不是學院派的，也不是說有更多的文學色彩。它在不斷地變化，變得更少理論性，變得無需提供證據或參照引文。[1]

　　在1991年的一次訪談中，布希亞再次表露了自己與「學院」知識分子的格格不入：

從生活方式來看，我顯然是他們當中的
一員。但是，我感到自己並不是一個知
識分子。當看到有三個知識分子在一起
時，我是會避而遠之的。我也不再會像
知識分子那樣擅稱自己擁有認識和寫作
的特許權力。我僅僅為自己而寫作。當
然，有人會對處在邊緣和特殊的情境中
而感到自豪，這也是一種特許的情境。
就像資本主義的資本一樣，如今人們不
再能掌握象徵性的知識資本和股票。…
…我不再採取知識分子的立場。如今我
的著作旨在使事物出現或消失。……[2]

　　既然布希亞不遺餘力地否認自己是「知
識分子」，我們也就沒有必要對其進行「名分
上的施暴」。剩下來的問題是：布希亞不是
「知識分子」，布希亞是什麼？他所刻意與之
區別的又是怎樣一種類型的「知識分子」？
　　按照鮑曼（Zigmunt Bauman）在《立法
者與解釋者：論現代性、後現代性和知識分

子》一書中的說法，當今的知識分子可以分為「立法者」和「解釋者」兩類，「立法者」旨在透過對現實的理解為社會政治文化的變化和改進設定藍圖，而「解釋者」則是在不同的基本假設之間進行意義轉換，這裡的基本假設是指特定的體系和社會秩序背後的觀念和信仰，「解釋者」便試圖打通這些基本假設之間的鴻溝，從而為社會的變化發展鋪設軌道；然而，作為「立法者」的知識分子如今正在日益走向衰落。從鮑曼的這種基本區分出發，我們在某種程度上可以把布希亞看作是現代社會的一個「解釋者」，而他所不斷加以抨擊並與之「劃清界限」的，則是那些作為「立法者」的知識分子。

事實上，當布希亞宣稱「生產的終結」、「現實的終結」、「社會的終結」、「歷史的終結」、「意義的終結」之時，作為「立法者」的「知識分子」的「終結」就是其必然的邏輯結論，而所有這些「終結」，都是「現代性終結」的直接後果。在布希亞看來，

西方世界的「現代性」直接同法國大革命相
關，它堅信普遍性、確定性、因果連續性，
堅信社會進化和歷史進步，因而具有深刻的
政治蘊涵和意識形態蘊涵。尤其是，「現代
性」的宏富體系進一步賦予知識分子以特許
的地位和權力，使之能夠行使「載道」和
「言志」的特殊職能，從而成為曼海姆（Karl
Mannheim）意義上的整個社會的特殊階層，
為整個社會提供著一種整體性的解釋，並且
壟斷著這個社會的世界觀、聖靈知識、宗教
儀式等等的建設、詮釋、傳播、教化等權
力，而大眾則是「群氓」、「未開化者」和
「被動的接受者」，永遠處在知識分子的對立
面，接受著知識分子的啟蒙和教化。

　　而在從「現代性」到「後現代性」轉變
的社會圖景中，作為「立法者」而「載道」、
「言志」的知識分子再也難以確保其合法性的
地位了。[3]在布希亞眼裡，1968年的五月風暴
是一個分水嶺，是西方知識分子集體「淡出」
的一次告別儀式：「在68年的五月風暴前後

甚至60年代早期，各種問題的解決似乎是自
然而然的，我們無需去提出或解釋什麼理論
——實踐問題。理論是自發產生的，與之相
聯的既可以是有意識的社會實踐，也可以是
無意識的社會實踐。這種實踐不一定就是有
意識的階級或大眾意識形態的實踐。而運動
也是自然而然的。我看知識分子已經感受到
這種力量，他們既不必從屬於某個團體，也
不是出於私心。比如，我就還記得《烏托邦》
這本銷量極少的小型評論雜誌。我們沒有辦
公室，也不能做什麼宣傳。但我們確實感受
到我們是在為某些人而寫。這並不是說我們
很開心。我們持有一種順乎人心的批判立
場。之所以說『順乎人心』，在於這種激進主
義是由社會一部分成員的反抗力量所促成
的。」[4]而在五月風暴之後，所有這些激情都
消聲匿跡了，所有這些力量都已經「耗
盡」：

　　（五月風暴）明顯地對文化作出了否定，

並且犧牲了政治價值。誠然,在這種犧
牲之後,出現了一種虛空,一種文化虛
空。……

68年的激進主義已經淪為股票交易災
難、愛滋病的出現等等大事件──這是
美國式的激進主義。傳統意義上的知識
分子在這種激進主義中沒有位置。知識
上的激進主義已經淪為種種事件,因此
知識分子失去了作用。

知識分子沒有未來。[5]

即使在五月風暴之後的當今社會出現了
女權運動、綠色和平組織運動,這些運動在
布希亞看來也僅僅只是一些「事件」,從中看
不到知識分子的激情、影響和作用,因為知
識分子已經「不在場」,那種認為知識分子創
造了社會思想觀念和價值觀念的想法已經成
了一種幻想。

布希亞尤其把知識分子地位的削弱歸因
於大眾傳媒,因為大眾傳媒在全球的不斷發

展和滲透，一方面固然使各種不同的思想觀
念和價值觀念得以傳播和相互關聯，但它同
時也造成了知識分子批判職能的喪失：

　　思想觀念在超常地傳播，最牴牾的思想
觀念都可能在同一種渠道中超常傳播。
結果，它們各自的獨特影響則消失殆
盡。我是指它們的否定性消失殆盡了。
大眾傳媒形形色色，但都不是否定性的
傳播媒體。它們傳播的是中立化的肯定
性。一些知識分子因此而不相信大眾傳
媒，他們希望大眾傳媒保持自身的純潔
性。我們也目睹了這樣的事實，一種分
析觀點由於傳媒的作用而變得易於被接
受。這樣的分析觀點太容易被接受了。
我是說，它可以四處傳播，廣為人們接
受。問題在於，在大眾傳媒社會中，肯
定性與否定性之間的差異恰恰被絕對的
肯定性抹殺了，而這種肯定性事實上不
再是肯定性，而只是向前播放的傳媒影

像帶。[6]

　　大眾傳媒占據主導地位，使得大眾與知識分子之間出現了一種新型的關係。如果說在傳統社會中大眾與知識分子的對立表現爲知識分子是主動的觀念傳播者和灌輸者，大眾是被動的接受者的話，那麼在大眾傳媒社會中，大眾同知識分子的對立則表現爲大眾不再與知識分子相關，大眾以「沉默」來對抗傳媒的主宰和知識分子的統治企圖：「我用『沉默的多數』來以此表明，這種沉默是一種權力，一種回應，這種沉默是大眾以隱退的方式所作出的回應，是一種策略。這不只是一種被動性的表現。這恰恰正是終結意義、終結宏大的政治操縱系統和訊息操縱系統的途徑。……大眾藉此拒斥了種種強加在他們身上的東西。人們試圖把政治的、社會的、文化的東西強加在他們身上；所有這些東西都是從上面強加下來的；它們是透過傳媒來強加的，而大眾則以沉默來予以回應。」

7

　　在布希亞看來，處在邊緣是知識分子的
本眞狀態：「至少在法國，知識分子在很大
程度上繼承了19世紀藝術家的傳統。他們染
上了藝術家的禍根——即邊緣狀態，而藝術
家們無論何時何地都是這樣一副腔調」。[8]因
此，他對「知識分子」所作的一種界定便極
其嚴格：「對知識分子作出界定，實際上依
據的是他們對話語的運用，包括他們口頭上
的運用以及反思性和批判性的運用。在我們
看來，法國的知識分子必然被看作是邊緣化
的批判者。那些借助技術手段的腦力勞動
者，比如說技術人員，在我們看來就不是知
識分子。在法國，即使學者和科學家都不能
算知識分子。」[9]這種處在邊緣狀態的知識分
子之所以還要言說、還要寫作，在於他們試
圖透過話語層面上的實踐來反抗自己的邊緣
狀態，但話語實踐並不能等同於政治行爲；
在布希亞眼裡，傅柯就是一個把話語實踐與
政治行爲相等同和混淆的知識分子典型：

當一個知識分子被要求採取政治行為
時，也就是說，當他被整合到權力機制
之中時，他就完全站錯了。他試圖運用
他的創造力，卻肯定看不清政治伎倆。
傅柯便碰上了這樣的問題。他希望自己
能夠成為最高決策層的政治顧問，他也
獲得了這一職位。如果說有誰願意這樣
的話，那就是傅柯。無論如何，他作了
嘗試，卻發現自己難以勝任：這是一次
失敗。因此他在某種程度上也退縮了。
10

布希亞堅信，不論知識分子自以為自己
的著作多麼重要，都必須最終認識到權力的
中心已經在他們之外，要保持法國意義上的
知識分子姿態就必須如此，因為知識分子的
批判職能已經被大大削弱，而大眾傳媒的主
宰又進一步強化了這一過程，知識分子只能
進行話語層面上的實踐。
　　不難看出，布希亞所描繪的知識分子形

象，實際上是「消費社會」或後現代社會的
一種圖景。如果說傳統的知識分子還擔負著
「載道」和「言志」的神聖職責的話，那麼當
今的知識分子僅僅從事著各種話語實踐，其
目的只是爲了讓人們消費。對於一個具體的
知識分子而言，其在學術生涯中的成敗，似
乎很大程度上是由新的著作的不斷推出、到
國外某個旅遊勝地參加國際學術研討會、接
受邀請在電視上進行「脫口秀」式的訪談等
等「文化熱門指標」所確定的，大眾傳媒和
大眾文化領域的所謂星級制（明星體制）已
經無孔不入地進入到學院領地。法國也不例
外，甚至在某些方面更加突出。雅勒戈夫曾
說：「城市是把思想如同貨物一樣運載的人
員周轉的轉車台，是精神貿易的市場與通
衢。」[11]這句話尤其適用於20世紀下半葉的
時裝之都巴黎，某種意義上，巴黎已經成爲
許許多多法國知識分子所心響往之的耶路撒
冷，成爲他們設計、生產、製造和發佈自己
「話語時尚」的聖地。

　　按照凱爾納的說法，從1970年代開始，
法國的知識分子日益走向電台、電視台和報
社等大眾傳媒，從書刊雜誌和出版業等文化
產業中獲得巨大的聲望、權力和利益；與此
同時，法國的學院體制仍然保證了那些出類
拔萃者能夠像過去那樣獲得令人欽羨的榮
譽。在此意義上，一個所謂「好」的或「優
秀」的知識分子就必定既能夠趕上潮流，又
能夠在與同行的激烈競爭之中勝出；既做一
個教師、作家，又做一個名流。布希亞實際
上就是這樣一個知識分子：他一方面能夠在
與同行的競爭中戰勝對手，另一方面又著作
頗豐，有許多著作是由法國的一些重要出版
社推出的，其論文和文化評論被諸多著名的
刊物甚至報紙採用。其著作儘管在本土迴響
不大，但他能夠成功地將自己的著述推向英
語、意大利語和西班牙語國家，並且使自己
的思想同後結構主義、後馬克思主義、後現
代主義等等思潮關聯在一起。雖然他從「傳
媒恐懼論」出發對當代大眾傳媒多有指責，

但是，當傳媒對其筆記合集《冷漠的記憶》
加以報導並有所褒獎之時，他還是毫不猶豫
地在電台名流訪談之類的節目裡講了15分
鐘。80年代後期，布希亞的著述愈加明顯地
充滿了種種不斷重複的奇思怪想。他對諸如
海德格與納粹的關係、販毒、1986年的法國
學生運動、1987年的全球股票災難、當代藝
術等熱門問題發表了奇異的言論，比如，在
評論促使希拉克放棄改革動議的1986年法國
學生運動時，布希亞認爲，這場運動是「正
面的」和「軟化的」，已經失去了以往學生運
動的否定性和激進性，這一代的學生是廣告
和傳媒所培育出的一代，廣告和傳媒的語言
是沒有否定性的，這也就注定了他們的「政
治」也是不具否定性的。

　　傅柯在法國，布希亞的同行們（包括傅
柯、傅柯的信徒、德勒茲、瓜塔里、李歐
塔、女性主義者以及法國左翼黨等等）似乎
對他的激進質疑和挑戰沒有興趣，因而幾乎
都沒有作出相對的回應。儘管如此，布希亞

卻是他的同時代人中最多產和最富有爭議的
理論家之一，這無疑使他在他自己所看重的
符號價值與交換價值的領域獲得了巨大的勝
利。布希亞深信「理論的激進性比真實性更
重要」[12]，他在各種場合一如既往地認定：
「我真的不認為自己是一個哲學家。我獨特的
批評動力來源於一種激進的性情，它更接近
於詩而不是哲學。這不是對現實進行辯證批
評的問題，而是要從我的對象中尋求一種消
失的感覺，既包括客體的消失，也包括主體
的消失。」[13]「我一直遠離文化──也遠離
理論。我保持著一種懷疑和拒斥的立場。這
是我所能保持的唯一一種『徹底性』。這也許
與我以往的經歷有關：我不需要文化；我厭
惡文化。」[14]這種自我表白，連同他的社會
批判和理論質疑一樣，已經越來越接近於一
種廣告語式，其中的「資訊」被壓縮成為廣
告語，以便能不斷地重複播放，最終在法國
千變萬化的文化市場上贏得一個好的賣點。
在此意義上，布希亞不斷變化的理論觀點和

奇花怒放的話語實踐就是一種策略，其旨在
頑強地對抗一種潛在的聲音：「忘了布希
亞！」

註釋

1. 《布希亞訪談錄》，第43頁。

2. 同上，第182頁。

3. 在1984年的一次訪談中。布希亞以如下方式對他所不願認同的「後現代」作了描述：「人們不再處於藝術的歷史和形式的歷史之中。它們被解構了，被摧毀了。事實上不再有任何形式。它們消失了。所有這些可能性都達到了極限。它摧毀了自身。它解構了整個世界。因此，剩下來的全都是些碎片。同碎片打交道——這就是後現代。因此，問題不在於尋求一個定義。……如今不再有什麼知識分子的討論了。……後現代性既不是樂觀的也不是悲觀的。它是同被摧毀後的殘跡所進行的遊戲。正因此，我們才處在『後』之中：歷史已經結束，我們處在一種沒有意義的後歷史之中。人們不再能夠從中發現任何意義。……我們不再

能夠說進步。」參見《布希亞訪談錄》，第95
頁。

4.《布希亞訪談錄》，第72頁。

5.同上，第155頁。

6.同上，第76-77頁。

7.同上，第88頁。

8.同上，第75頁。

9.同上，第80頁。

10.同上，第77頁。

11.雅克‧勒戈夫：《中世紀的知識分子》，商務
印書館，1996年，第11頁。

12.《布希亞訪談錄》，第62頁。

13.同上，第131頁。

14.同上，第105頁。

參考書目

英文部分

【尚・布希亞的著作】

（1975）. *The Mirror of Production*. St Louis.

（1981）. *For a Critique of the Political Economy of the Sign*. St Louis.

（1983）. *In the Shadow of the Silent Majorities*. New York.

（1993）. *Symbolic Exchange and Death*.

London.

（1994）. *Simulacra and Simulation*. University
　　of Michigan Press.

（1994）. *The Illusion of the End*. Polity Press.

（1988）. *Jean Baudrillard, Selected Writings*.
　　Cambridge.

（1993）. *Baudrillard Live, Selected Interviews*.
　　London and New York.

【尚·布希亞的研究著作】

Douglas Kellner.（1989）. "Jean Baudrillard:
　　From Marxism to Postmodernism and
　　Beyond". Stanford University Press.

Mike Gane.（1991）. "Baudrillard: Critical
　　and Fatal Theory". London and New
　　York.

Mike Gane.　（1991）. " Baudrillard's
　　bestiary". London and New York.

（1993）."Forget Baudrillard?". London and
New York.

【其他著作】

G. Bataille.（1985）."Visions of Excess".
Manchester University Press.

Z. Bauman.（1987）."Legislators and
Interpreters: On Modernity, Postmodernity
and Intellectuals". Cambridge.

S. Best & D. Kellner.（1991）."Postmodern
Theory: Critical Interrogations". New
York.

J.-F. Lyotard.（1984）."The Postmodern
Condition: A   Report   on
Knowledge".Manchester University
Press.

Marcel Mauss.（1967）."The Gift". New
York.

中文部分

李歐塔（1997）。《後現代狀態》。北京：三
　　聯書店。

唐小兵（1986）。《後現代主義與文化理
　　論：弗‧詹明信教授講演錄》。西安：
　　陝西師範大學出版社。

（1997）。《晚期資本主義的文化邏輯：詹明
　　信批評理論文選》，北京：三聯書店。

詹明信（1995）。《語言的牢籠：馬克思主
　　義與形式》。天津：百花洲文藝出版
　　社。

（1987）。《二十世紀法國思潮》。北京：商
　　務印書館。

（1986）。《結構主義：莫斯科——布拉格
　　——巴黎》。北京：商務印書館。

羅逖（1987）。《哲學與自然之鏡》。北京：
　　三聯書店。

羅逖（1992）。《後哲學文化》。上海：上海

譯文出版社。

索緒爾（1980）。《普通語言學教程》。北
　　京：商務印書館。

（1996）。《自由交流》。北京：三聯書店。

（1997）。《權力與反抗：米歇爾‧傳柯
　　傳》。北京：北京大學出版社。

嚴鋒（1997）。《權力的眼睛：傳柯訪談
　　錄》。上海：上海人民出版社。

劉北成（1995）。《傳柯思想肖像》。北京：
　　北京師範大學出版社。

莫偉民（1996）。《主體的命運》。上海：上
　　海三聯書店。

（1992）。《後現代主義文化與美學》。北
　　京：北京大學出版社。

趙一凡（1996）。《歐美新學賞析》。北京：
　　中央編譯出版社。

盛寧（1997）。《人文困惑與反思西方後現
　　代主義思潮批判》。北京：三聯書店。

徐賁（1996）。《走向後現代寫後殖民》。北
　　京：中國社會科學出版社。

布希亞　　　　　　　　　當代大師系列 29

著　　　者／季桂保

編輯委員／李英明・孟　樊・陳學明・龍協濤・
　　　　　　楊大春・曹順慶

出　　　版／生智文化事業有限公司

發 行 人／林新倫

登 記 證／局版北市業字第 677 號

地　　　址／台北市新生南路三段 88 號 5 樓之 6

電　　　話／(02)2366-0309

傳　　　真／(02)2366-0310

E-mail／book3@ycrc.com.tw

網址／http：//www.ycrc.com.tw

郵撥帳號／14534976 揚智文化事業股份有限公司

印　　　刷／科樂印刷事業股份有限公司

法律顧問／北辰著作權事務所　蕭雄淋律師

初版一刷／2002 年 10 月

定　　　價／新台幣：150 元

ISBN／957-818-431-X

總 經 銷／揚智文化事業股份有限公司

地　　　址／台北市新生南路三段 88 號 5 樓之 6

電　　　話／(02)2366-0309

傳　　　真／(02)2366-0310

國家圖書館出版品預行編目資料

布希亞 ＝ Jean Baudrillard / 季桂保著. --
初版. -- 臺北市：生智，2002[民 91]
　面；公分. --（當代大師系列；29）
參考書目：面
ISBN 957-818-431-X（平裝）

1.布希亞（Baudrillard, Jean, 1929-　）
　－學術思想

146.79　　　　　　　　　　91014133

	亞太研究系列	李英明、張亞中/主編	
D3001	當代中國文化轉型與認同	羅曉南/著	NT:250
D3003	兩岸主權論	張亞中/著	NT:200
D3004	新加坡的政治領袖與政治領導	郭俊麟/著	NT:320
D3005	冷戰後美國的東亞政策	周 煦/著	NT:350
D3006	美國的中國政策：圍堵、交往、戰略夥伴	張亞中、孫國祥/著	NT:380
D3007	中國：向鄧後時代轉折	李英明/著	NT:190
D3008	東南亞安全	陳欣之/著	NT:300
D3009	中國大陸與兩岸關係概論	張亞中、李英明/著	NT:350
D3010	冷戰後美國的全球戰略和世界地位	緝思等/著	NT:450
D3011	重構東亞危機－反思自由經濟主義	羅金義/主編	
D3012	兩岸統合論	張亞中/著	NT:360
D3013	經濟與社會：兩岸三地社會文化的分析	朱燕華、張維安/編著	NT:300
D3014	兩岸關係：陳水扁的大陸政策	邵宗海/著	NT:250
D3015	全球化時代下的台灣和兩岸關係	李英明/著	NT:200
D3101	絕不同歸於盡	鄭浪平、余保台/著	NT:250
	MONEY TANK		
D4001	解構索羅斯—索羅斯的金融市場思維	王超群/著	NT:160
D4002	股市操盤聖經—盤中多空操作必勝秘訣	王義田/著	NT:250
D4003	懶人投資法	王義田/著	NT:230
XE010	台灣必勝	黃榮燦/著	NT:260

MBA 系列

D5001	混沌管理	袁 闖/著	NT:260
D5002	PC 英雄傳	高于峰/著	NT:320
D5003	駛向未來—台汽的危機與變革	徐聯恩/等著	NT:280
D5004	中國管理思想	袁 闖/主編	NT:500
D5005	中國管理技巧	芮明杰、陳榮輝/主編	NT:450
D5006	複雜性優勢	楊哲萍/譯	
D5007	裁員風暴—企業與員工的保命聖經	丁志達/著	NT:280
D5008	投資中國—台灣商人大陸夢	劉文成/著	NT:200
D5009	兩岸經貿大未來—邁向區域整合之路	劉文成/著	NT:300

WISE 系列

D5201	英倫書房	蔡明燁/著	NT:220
D5202	村上春樹的黃色辭典	蕭秋梅/譯	NT:200
D5203	水的記憶之旅	章蓓蕾/譯	NT:300
D5204	反思旅行	蔡文杰/著	NT:180

ENJOY 系列

D6001	葡萄酒購買指南	周凡生/著	NT:300
D6002	再窮也要去旅行	黃惠鈴、陳介祜/著	NT:160
D6003	蔓延在小酒館裡的聲音—Live in Pub	李 茶/著	NT:160
D6004	喝一杯，幸福無限	曾麗錦/譯	NT:180
D6005	巴黎瘋瘋瘋	張寧靜/著	NT:280

LOT 系列

D6101	觀看星座的第一本書	王瑤英/譯	NT:260
D6102	上升星座的第一本書 (附光碟)	黃家騁/著	NT:220
D6103	太陽星座的第一本書 (附光碟)	黃家騁/著	NT:280
D6104	月亮星座的第一本書 (附光碟)	黃家騁/著	NT:260
D6105	紅樓摘星—紅樓夢十二星座	風雨、琉璃/著	NT:250
D6106	金庸武俠星座	劉鐵虎、莉莉瑪蓮/著	NT:180
D6107	星座衣 Q	飛馬天嬌、李昀/著	NT:350
XA011	掌握生命的變數	李明進/著	NT:250

FAX 系列

D7001	情色地圖	張錦弘/著	NT:180
D7002	台灣學生在北大	蕭弘德/著	NT:250
D7003	台灣書店風情	韓維君等/著	NT:220
D7004	賭城萬花筒—從拉斯維加斯到大西洋城	張　邦/著	NT:230
D7005	西雅圖夏令營手記	張維安/著	NT:240
D7101	我的悲傷是你不懂的語言	沈　琬/著	NT:250
XA009	韓戰憶往	高文俊/著	NT:350

李憲章 TOURISM

D8001	情色之旅	李憲章/著	NT:180
D8002	旅遊塗鴉本	李憲章/著	NT:320
D8003	日本精緻之旅	李憲章/著	NT:320

元氣系列

D9101	如何征服泌尿疾病	洪峻澤/著	NT:260
D9102	大家一起來運動	易天華/著	NT:220
D9103	名畫與疾病—內科教授為你把脈	張天鈞/著	NT:320
D9104	打敗糖尿病	裴馰/著	NT:280
D9105	健康飲食與癌症	吳映蓉/著	NT:220
D9106	健康檢查的第一本書	張王黎文/著	NT:200
D9107	簡簡單單做瑜伽—邱素貞瑜伽天地的美體養生法	陳玉芬/著	NT:180
D9108	打開壓力的拉環—上班族解除壓力妙方	林森、晴風/著	NT:200
D9109	體內環保—排毒聖經	王映月/譯	NT:300
D9110	肝功能異常時該怎麼辦？	譚健民/著	NT:220
D9111	神奇的諾麗—諾麗果健康法	張慧敏/著	NT:280
D9112	針灸實務寶典	黃明男/著	NT:550
D9113	全方位醫療法	王瑤英/譯	NT:250
D9114	一生的性計畫	張明玲/譯	NT:700
D9115	妳可以更健康—正確治療婦女疾病	李奇龍/著	NT:300
D9116	性的魅力	范琦芸/譯	NT:300
D9117	讓瑜伽當你健康的守護神	陳玉芬/著	NT:300
D9118	十全超科學氣功—祛病靈修實務	黃明男/著	NT:250
D9119	觀象察病—如何解讀疾病的訊號	姚香雄/著	NT:200
D9201	健康生食	洪建德/著	NT:180